3·1운동 정신과 코로나 극복

코로나 시대 한국교회의 역할

3·1운동 정신과
코로나 극복

라영환 임희국 안명준 이은선 박홍규 김요섭 권순웅 지음

들음과봄

내일을 향한 소망을 품고

이규현 목사(은혜의동산교회)

이스라엘 백성들은 위기를 맞아 앞이 보이지 않을 때마다 과거의 역사를 기억했습니다. 이집트의 노예로 살 때 기적적으로 그들을 구출하셨던 하나님, 홍해를 건너게 하시고 광야 40년 동안 먹이시고 입히시며 지키셨던 하나님을 기억하면서 그 하나님이 지금의 위기와 어려움도 이기게 하실 것을 믿으며 절망 가운데에서 다시 일어났습니다. 그렇습니다. 과거는 단순히 지나간 세월의 흔적이 아니고 오늘을 향한 대답이고 내일을 향한 소망이 됩니다.

지금 한국 사회는 코로나19로 인한 깊은 그림자에 덮여 있습니다. 한 치 앞이 보이지 않는 암울한 이때 우리는 지나간 역사를 되짚어 보며 무엇을 기억해야 하는지 살펴보아야 합니다. 나라를 잃고 신음하던 일제강점기 시절, 전염병까지 돌아 소망이 없었던 그때 교회는 나라의 독립을 위해 기도했을 뿐만 아니라 독립운동의 최선봉에 섰습니다. 특별히 한국교회는 3·1운동에 절반 가까운 지도자가 참여했고 수많은 민중을 만세의 현장으로 이끌었습니다. 그로 인해 엄청난 핍박을 받고 생명을 잃기도 했지만 그들의 숭고한 희생이 나라 잃은 서러움에 울던 국민들의 마음에 뜨거운 불을 지피었습니다.

더욱이 3·1운동의 최전선에서 가장 큰 피해를 당한 화성 지역의 교회에게 3·1운동의 역사는 흘러간 옛이야기가 아니라 우리 가슴에 깊이 새길 소중한 유산입니다. 이번에 화성시 기독교총연합회에서 3·1운동의 주역들이 당시 전염병 앞에서 어떤 발자국을 남겼는지 살펴보기 위해서 소중한 역사적 사료를 모으게 된 것을 진심으로 축하합니다. 이런 소중한 자료가 모여서 아름다운 역사를 기억하게 할 것이고 그것이 오늘을 사는 그리스도인들이 지금 어떻게 살아야 할지 지혜를 제공하는 소중한 기회가 될 것이라고 확신합니다.

고난에도 무너지지 않는 그리스도인

강명우 목사(화성시 기독교총연합회 대표회장)

코로나19로 인해 한국뿐 아니라 전 세계가 위기와 고난에 직면해 있습니다. 문명이 고도로 발달하고 의학기술이 첨단을 달리는 시대지만 뚜렷한 해결책 없이 전 세계가 심각한 위기에 처해있는 이때 그리스도인들은 어떻게 살아야 할까요?

화성시 기독교총연합회가 『3·1운동 정신과 코로나 극복』 책을 출간하게 되어 뜻깊게 생각합니다. 교수님들의 깊이있는 연구물은 코로나19 시대의 한국교회 성도들이 어떻게 어려움을 헤쳐 나갈 수 있을지 방향을 제시하고 있습니다.

코로나19로 한국교회의 예배가 위축되고 교회마다 성도들의 수가 급격히 감소하고 있습니다. 우리 믿음의 선조들은 일제강점기와 6·25전쟁 때에도 예배를 생명처럼 여기면서 주일을 지켰습니다. 일제에 항거하며 나라를 위해 목숨 걸고 3·1운동에 참여한 대부분은 기독교인들이었습니다.

『3·1운동 정신과 코로나 극복』은 현 코로나19 시대를 역사적인 시각으로 재해석하도록 예리한 통찰력을 제시하며 현재를 사는 지혜를 배울 수 있도록 안내합니다. 또한 우리가 이 시대에 당면한 난관들을 어떻게 헤쳐 나갈 것인지 해답을 줍니다. 기독교의 역사를 통해 고난을 극복하는 지혜를 얻을 수 있을 것입니다.

끝으로 이 책을 출간하기 위해 수고하신 모든 분께 감사드리며 역사의 주관자 되시고 우리를 이 고난 가운데서 능히 이기게 하시는 하나님께 무한 감사와 영광을 돌립니다.

연대와 협력의 길에서

서철모(화성시 시장)

우리 삶 속에서 종교가 주는 힘은 매우 큽니다. 어려운 시기일수록 종교가 주는 위로와 안식, 희망과 용기는 마음의 상처와 절망을 치유하며, 신앙심이 아니라면 도저히 불가능한 사랑과 헌신을 실제 현실에서 구현시키는 위대한 영적 힘을 발휘합니다.

화성시의 3·1운동 역사에 있어서 종교, 특히 기독교는 각별한 의미가 있습니다. 1919년 4월 15일 향남면 제암리 제암교회에서는 주민 30여 명의 고귀한 목숨이 희생되는 안타까운 사건이 발생했습니다. 가슴 아프게도 이는 일제강점기 가장 대표적인 학살로 기록되어 있습니다. 또 기독교인, 천도교인, 천주교인, 그리고 일반 주민이 목숨을 걸고 일으킨 우정·장안면의 만세운동에서 구심점이 되었던 곳 역시 교회였고, 수촌리교회는 3·1운동 직후 일제의 보복적 만행으로 불에 타게 됩니다. 화성시의 두 사례만 보더라도 일제의 잔혹한 폭압에 맞선 3·1운동 과정에서 한국교회가 큰 역할을 했다는 것을 알 수 있습니다. 그리스도의 사랑과 불굴의 기독교 정신으로 많은 이들에

게 희망과 용기를 주는 동시에 국민의 마음을 하나로 묶는 화합의 힘
이 되어 주었습니다.

　이번에 출간되는 『3·1운동 정신과 코로나 극복』에서 소개하고
있는 3·1운동 정신은 지금의 위기를 극복하기 위해 기독교의 역할이
얼마나 중요한가에 대해 다시 생각해보는 계기가 될 것입니다. 코로
나19라는 유례없는 위기상황에서 한국교회가 나아갈 방향을 제시하
는 것은 물론, '연대와 협력'으로 새로운 돌파구를 마련하는 데에도
큰 힘이 될 것으로 기대합니다.

　모쪼록 일곱 분의 정성 어린 연구와 깊은 통찰이 담긴 이 책이 널
리 읽혀 지금의 위기를 극복하고 더 나은 내일을 만들어 가는 밑거름
이 되기를 바랍니다.

3·1운동 정신에서 위기에 놓인
한국교회의 방향을 찾다

라영환 교수(총신대학교 조직신학)

이 책은 3·1운동 정신에서 오늘날 한국 사회와 교회가 처한 위기를 극복할 정신을 찾기 위한 시도이다. 교회의 본질과 사명은 무엇인가? 교회는 이 시대에 어떤 모습으로 자리를 잡아야 하는가? 한국교회는 전염병을 만난 이 세상을 위해 어떤 일을 해야 할까? 라영환 박사는 남강 이승훈의 삶을 통해 그 대답을 시도한다. 임희국 박사는 19세기 말과 20세기 초 전염병에 대처한 교회의 모습을 소개하면서 재난 앞에 놓인 사회를 위해 한국교회가 무엇을 해야 하는지 또 무엇을 할 수 있는지에 대해 모색하였다. 안명준 박사는 16세기 유럽에서 전염병으로 고난을 겪었던 기독교인들에 대한 칼빈의 돌봄과 사회개혁을 살피며 한국교회가 나아갈 방향을 찾았다. 김요섭 박사는 구속사적 관점에서 3·1운동을 바라보며 성경적 민족주의의 가능성을 제시한다. 이은선 박사는 사회적 약자를 돌보며 복음을 전했던 에이비슨 선교사와 스코필드 선교사 그리고 최흥종 목사를 통해 오늘날 교회가 어떤 모습이어야 할지 제시한다. 박홍규 박사는 전염병의 상황에서 신앙의 자유와 정부의 역할의 문제에 대한 해답을 페스트와 영국의 청교도 운동에서 찾았다. 권순웅 목사는 코로나 바이러스로 위기에 처한 한국교회의 과제를 3·1운동 정신에서 찾고 지역사회를 위한 각 단체의 노력을 소개한다.

이 책이 나오기까지 수고한 모든 이에게 편집인으로서 감사의 마음을 전한다. 먼저 화성시 기독교총연합회 회원분들께 감사하다. 3·1운동에서 오늘날 코로나로 인한 어려움을 극복할 정신을 찾으면 좋겠다는 화성시 기독교총연합회의 제안이 없었으면 이 책은 나오지 않았을 것이다. 기획에서 출간까지 두 달밖에 안 되는 짧은 기간이었지만 취지에 공감하여 선뜻 집필에 응해준 집필진과 이 연구가 지속될 수 있도록 지원을 아끼지 않은 서철모 화성 시장님께도 감사의 마음을 전한다. 끝으로 촉박한 일정에도 웃음을 잃지 않고 책이 잘 나올 수 있도록 애를 써준 피톤치드출판사 박상란 대표에게 감사의 마음을 전한다.

목차

3·1운동,
한국교회 그리고
대의명분

라영환(총신대학교 조직신학과 교수)

I.
전염병과 기독교

제임스 화이트(James E. White)는 포스트 크리스천 시대를 살아가는 교회를 향하여 "오늘날 세상의 관심을 사로잡는 것은 다름 아닌 대의명분이다."라고 주장하였다.[01] 그의 말처럼 교회는 세상이 교회를 인정할 수 있는 대의명분을 제공해야 한다. 초대교회가 극심한 박해 속에서 성장할 수 있었던 것은 대의명분 때문이었다. 로드니 스타크(Rodney Stark)는 『기독교의 발흥』에서 초대교회의 부흥을 설명하면서 도시위생의 문제와 새로운 이민자의 유입으로 인한 갈등 그리고 자연재해와 사회적 재난이 가득한 도시에서 그리스도인들이 보여준 사랑과 헌신은 당시 로마 사회가 겪고 있던 고질적인 문제들에 대한 대안이 되었고, 2세기와 3세기 박해를 받고 있던 소수의 종교가 로마의 국교가 되는 대의명분을 제공하였다고 주장하였다.[02]

당시 로마제국에서 기독교는 불법이었다. 그리스도인들은 신앙으로 인해 많은 어려움을 당했다. 믿음 때문에 자신이 가진 모든 것, 심지어 목숨까지도 버려야 했다. 그런데 오해와 박해 속에 살았던 그 시기에 교회는 오히려 성장했으며 다양한 형태로 로마 전역에 뻗어 나갔다. A.D. 100년에 25,000명 정도였던 그리스도인이 A.D. 310년 경에 이르면 2천만 명에 육박하였다고 한다.[03] 교회가 폭발적으로 확장될 수 있었던 것은 당시 세상 사람들에게 교회가 매력적으로 보였기 때문이다. 다음은 A.D. 200년 북부 아프리카에 살았던 한 그리스도인의 고백이다.

우리의 숫자가 날마다 증가하고 있습니다. 삶의 아름다움이 교인들을 인내하게 하고 낯선 이들이 참여하게 합니다. … 우리는 위대한 설교를 하는 것이 아니라 위대한 삶을 살아내고 있습니다. 신앙으로 어려움을 당하고 있지만, 그러나 우리가 추구하는 그 가치가 너무 귀해 우리를 인내하게 합니다.[04]

당시 사회문화적으로 영향력이 없고 경제적으로도 부유하지 않았으며 사람들에게 손가락질 받았던 교회가 오히려 자신들을 핍박했던 사람들을 변화시킬 수 있었던 것은 그들의 설교나 말이 아닌 하나님의 능력과 변화된 삶 그리고 그것을 가능하게 했던 교리의 힘이었다.

복음이 삶의 차이를 만들어낸다

마르쿠스 아우렐리우스 안토니우스(Marcus Aurelius Antonius) 황제가 로마를 통치하고 있을 때 전 세계적인 팬데믹(Pandemic)이 있었다. '안토니우스 역병'(Antonine Plague)으로 불렸던 이 전염병은 165년 겨울에 발생하여 15년간 로마 전역으로 퍼져 로마 인구의 사분의 일 이상의 목숨을 앗아 갔다. 마르쿠스 아우렐리우스 황제도 이 역병으로 사망했다. '키프리아누스 역병'(Plague of Cyprian)은 251년에 시작되어 262년까지 지속되며 로마 전역을 강타했다.05 두 번에 걸친 팬데믹으로 많은 사람이 목숨을 잃었고 사회시스템도 완전히 무너졌다. 당시 지식인들과 종교지도자들은 재앙이 던진 시대적 질문 앞에 대답을 주지 못했다. 하지만 교회는 팬데믹이 던진 시대적 질문에 대답할 뿐만 아니라, 감염된 환자들을 헌신적으로 돌봄으로써 그리스도의 사랑을 세상에 보여주었다.

> 우리 기독교인 형제들은 대부분 무한한 사랑과 충성심을 보여주었으며 한시도 몸을 사리지 않고 상대방을 배려하는 데 온 힘을 쏟았습니다. 그들은 위험을 무릅쓰고 아픈 자를 도맡아 그리스도 안에서 모든 필요를 공급하고 섬겼습니다. 그리고 병자들과 함께 평안과 기쁨 속에 생을 마감했습니다. 그들은 환자로부터 병이 옮자 그 아픔을 자신에게로 끌어와 기꺼이 고통을 감내했습니다. 많은 이들이 다른 이를 간호하고 치유하다가 사망을 자신에게로 옮겨와 죽음을 맞았습니다.06

당시 사람들은 전염에 대한 두려움으로 서로 방문하기를 꺼렸다. 많은 이들이 사람들의 돌봄을 받지 못한 채 죽어갔다. 당시 로마의 지도자들은 아픈 자들을 내쫓았고 병자가 죽기도 전에 거리에 내다 버렸으며 전염의 위험을 피해 안전한 곳으로 피신하였다. 이 시기 교회는 사회가 설명하지 못하는 전염병과 같은 재난에 대해 논리적으로 설명했고 삶으로 그 대안을 보여주었다.

그리스도인들은 "남에게 대접을 받고자 하는 대로 남을 대접하라"(마 7:12)라는 말씀과 "네 이웃을 네 몸과 같이 사랑하라"(마 22:39)는 성경 말씀을 실천하며 살았다. 전염병이 유행하여 서로 방문하기를 꺼리던 그때, 교회는 돌봄을 받지 못하는 사람들을 찾았다. 병든 자와 가난한 자에 관한 관심과 헌신은 사람들에게 감동이 되었다. 특별히 이 시기 로마제국에 살던 사람들에게 충격으로 다가간 것은 하나님 사랑과 이웃 사랑이 하나로 연결된다는 점이었다. 그것은 당시 제국 내 어떤 종교에도 찾아볼 수 없는 기독교만의 독특한 사상이었다. 하나님께서 당신의 희생을 통해 그 사랑을 보여주신 것처럼, 그리스도인들은 서로를 사랑함으로써 하나님에 대한 자신의 사랑을 증명하고자 하였다.

4세기 후반 황제 율리아누스(Flavius Claudius Julianus)가 데살로니카에 있는 사제에게 보낸 편지에서 우리는 당시 교회가 세상 사람들에게 어떻게 비쳤는지를 알 수 있다.

어째서 우리는 이 무신앙을 증대시키는 데 가장 큰 역할을 한 것이 타인들을 향한 그들의 자비, 죽은 자를 묻어주는 보살핌, 가식적인 삶의 거룩함임을 인정하지 않는가? … 그 어떤 유대인도 구걸할 필요가 없으며 불경한 갈릴리인들은 자기네 빈민뿐 아니라 우리네 빈민까지 떠받쳐주는데, 우리네 백성들은 우리에게서조차 원조를 받지 못하는 것을 모두가 아는 건 치욕스러운 일이다.(율리아누스, 『서한집』 22)[07]

초대교회는 로마 사회가 해결하지 못했던 사회 문제에 대해 적극적으로 대응하면서 대안을 제시하였다. 그들은 '자신들'의 가난한 사람들뿐만 아니라 '우리들'의 가난한 사람들도 돕는다고 말하였다. 그들의 성도 간의 사랑 그리고 가정과 민족을 넘어 낯선 민족에게도 확장되었던 자비와 긍휼의 감동적인 모습은 당시 사람들에게 그 시대가 제공해 주지 못했던 사회적, 물리적, 경제적 그리고 정서적인 안정감을 느끼게 하였다.[08]

윤리는 정체성에서 나온다

초대교회가 어려운 시기를 지나면서 믿음을 유지하고 세상을 변화시켰던 것은 자신들이 누구이며 또 무엇을 위해 부름을 받았는지 분명히 알고 있었기 때문이다.[09] 초대교회 성도들은 "주는 그리스도시요 살아계신 하나님의 아들이시나이다"(마 16:16)라고 고백하였다. 예수 그리스도가 만유의 주님이시라는 고백은 비록 짧지만, 세상을 흔드는 신앙의 원초적 힘이었다. 그리스도인들은 '세상에 있지만'(요 17:11), '세상에 속하지 않은'(요 17:14) 사람들이었다. 그들은 자신들의 시민권이 이 세상에 있지 않고 하늘에 있다고 믿었지만(빌 3:20), 그들 만의 도시에서 살지 않았으며 다른 언어를 사용하지도 않았다. 당시 그리스도인들은 로마제국의 다른 사람들과 먹고 자고 입는 것에 있 어서 구별되지 않았다. 그러나 동시에 그리스도인들은 자신들만의 독특한 삶의 양식을 갖고 살았다. 도덕적으로 매우 엄격했고, 물건을 서로 통용하고 살았으며, 극심한 박해 가운데서도 자신들을 박해하 는 사람들조차도 사랑했다.[10]

윤리는 정체성에서 나온다는 반틸(Cornelius Van Til)의 주장처럼,[11] 초대교회 성도들의 삶은 그들의 정체성이 겉으로 드러난 것이다. 그 들은 언약 공동체로서의 자신의 정체성을 분명히 인식하였으며, 고 백대로 살고 고백대로 죽었다. 그들은 믿음으로 인해 많은 어려움을 겪었지만, 오히려 그것을 믿음의 증거로 여겼다(요 15:19). 그들은 "능 히 너희를 보호하사 거침이 없게 하시고 너희로 그 영광 앞에 흠이 없게 서게 하실 이"(유 1:24)에 대한 소망을 따라 살았다.

이 기간에 교회의 현존(presence)은 사람들에게 감동이 되었고, 사 람들 역시 팬데믹 속에서 교회의 현존을 원했다. 그런데 안타깝게도 초대교회 당시 교회의 현존을 요구했던 사람들과 달리 오늘날에는 세상이 교회의 부재(absence)를 요구한다. 왜 이렇게 되었을까? 그것 은 교회가 세상에 대의명분을 제공하지 못했기 때문이다. 오늘날 교 회는 혼돈의 시기를 보내고 있다. 이 혼돈의 시기를 극복하기 위해서 먼저 초대교회가 걸어간 길을 되돌아보면서 문제에 대한 혜안을 발견해야 한다.

Ⅱ.
기독교와 남강 이승훈 그리고 대의명분[12]

기독교 복음에서 희망을 발견하다

기독교는 서세동점(西勢東漸)의 격랑(激浪)이 높았던 19세기 말에 한반도에 전파되었다. 기독교가 한반도에 들어오는 과정에 있어서 주목할 만한 점은 선교사보다 성경이 먼저 들어왔다는 것과 기독교 수용에 있어서 서북지역 출신 상인들의 역할이 컸다는 것이다. 첫번째 기독교 신자인 이응찬은 의주 출신 약재상으로 1874년 존 로스(John Ross) 선교사의 어학 선생이 된 것이 계기가 되어 기독교인이 되었다. 그 이듬해인 1875년, 몰락한 양반 가문 출신의 상인이었던 백홍준, 이성하, 김진기는 이응찬의 소개로 로스 선교사의 성경 번역 사업을 돕다가 1879년에 세례를 받고 기독교인이 된다.[13] 다섯 번째 신자인 서상륜은 홍삼 행상을 하기 위해 만주로 갔다가 장티푸스에 걸려 고생하던 중 로스와 존 맥킨타이어(John McIntyre)를 만나 도움을 받은 것이 계기가 되어 기독교인이 된다.[14] 후에 이들은 권서인(勸書人)이 되어서 각각 자신의 고향으로 돌아가 성경을 보급하는 데 앞장섰고, 한국은 선교사가 들어오기 전에 이미 한국인에 의한 복음전파가 이루어졌다. 한국 최초로 설립된 황해도의 소래교회와 서간도의 한인촌(韓人村)에 설립된 한인교회 그리고 의주의 의주교회가 각각 서상륜, 김청송, 백홍준에 의해서 세워졌다.

한반도의 교회 설립이 서북지방 출신의 상인들로부터 시작되었다는 사실은 한국교회의 특수성을 이해하는 중요한 토대가 된다. 1897년 로버트 스피어(Robert E. Speer, 1867-1947)의 보고에 의하면 한국 서북지역에는 세계 그 어느 곳에서도 유례를 찾아볼 수 없을 정도로 복음이 빠른 속도로 확산하고 있었음을 알 수 있다.[15] 언더우드(L. H. Underwood)의 보고서에 의하면 이미 1901년과 1902년에 접어들면서 평양, 선천, 의주를 비롯한 서북지역은 기독교 혁명 시대를 맞고 있었다.[16]

초기 기독교를 수용한 사람들의 계층적 특성과 서북이라는 지정학적 특수성은 이 지역에 기독교가 빠르게 확산하는데 아주 중요한 역할을 하였다. 서북지역은 평안도(지금의 평안남북)와 황해도 일대를 말한다. 이 지역은 한반도와 대륙을 연결하는 지리적 요충지로서 대륙의 문화를 받아들이는 교두보 역할을 하였다. 그런데 이러한 지역적 특수성은 대륙과 한반도에 있는 정권 사이에 마찰이 있을 때마다 전란의 중심부가 되기도 하였다. 서정민은 이러한 지역적 특성이 서북인(西北人)의 자생력과 독립성을 길러주었을 뿐만 아니라 진취적이게 하였다고 주장한다.[17] 전겸도 역시 서북인들의 자립성과 독립성의 근원을 조선 조정의 서북인에 대한 차별에서 찾는다.

조선 시대의 사대부는 주로 영남학파와 기호학파에서 보는 것과 같이 서북인이 배제된 상태 속에서 정권 다툼을 벌여왔다. 서북인들은 과거에서 높은 점수를 받더라도 고위 관직에 오르지 못했다. 그 결과 서북지역 양반의 수는 조선 후기로 갈수록 점차 줄어들었다. 조선총독부가 조사한 1910년도 지역별 양반 가구 수를 보면, 당시 조선의 양반 비율은 총인구 중 26.3%였는데, 그 가운데 충청도가 14.8%로 가장 높았고 황해도와 평안도가 각각 0.3%로 가장 낮았다.[18] "백 년을 두고 공부한다 해도 평안도 사람들은 결코 벼슬을 할 가망이 없다."라는 홍경래의 말은 당시 서북인들의 심정을 잘 대변하는 것이었다.[19] 서북인에 대한 중앙정부의 차별은 양반의 수를 급격하게 감소시켰다. 양반이라고 할지라도 상업활동을 통해서 부를 축적하지 않으면 대우를 받지 못하였다. 상업은 이 지역주민들이 부를 축적할 수 있는 유일한 수단이었다.

서북지역의 상인은 자주 대륙을 방문하며 자연스럽게 새로운 사상과 접할 수 있었다. 조선 후기에 오면서 서북인들은 '홍경래의 난'에서 보는 것과 같이 전통적인 조선 사대부 중심의 양반 사회에 환멸을 느끼게 된다. 그리고 이를 변혁할 수 있는 일종의 근대 시민사회로의 이전을 꿈꾸는데, 이러한 이들의 요구는 기독교의 평등과 박애 사상과 만나면서 꽃을 피우게 된다. 초기 기독교 지도자 가운데 상당수가 상인이었다는 사실은 이러한 사실을 더 분명히 드러낸다. 이응찬은 한약재 상인이었고, 서상륜은 홍삼 상인, 이수정이 인삼 상인, 한석진이 인삼과 녹용 무역 상인, 길선주가 한약재 상인, 이승훈이 유기 상인 그리고 조만식이 평양 종로의 포목상이었다.[20]

서북지역이 갖는 지정학적 특수성 역시 교회가 성장하는 데 상당한 영향을 미쳤다. 당시 서북지역 주민들에게 기독교는 기존의 체계를 대신할 수 있는 새로운 사상이 될 뿐만 아니라, 실질적으로 청일전쟁(1894-1895)과 러일전쟁(1904-1905)으로 황폐해진 그들에게 육체적 그리고 정신적인 은신처를 제공해 주었다.[21] 1900년대에 들어서면서 서북지역의 교회 성장은 다른 지방과 확연하게 차이가 날 정도로 빠르게 성장하였다. 호레이스 알렌(Horace N. Allen)의 보고에 의하면, 1894년에 평안도에 52명에 불과하던 신자들의 수가 1904년에는 10,000명으로 증가하였다.[22] 1898년에 평양에 73개 그리고 황해도에는 51개의 교회가 설립되었다.[23] 1899년에 휘트모어(N. C. Whittemore) 선교사는 선천(宣川)에 선교부를 설치하여 선교에 박차를 가하였다. 1899년에 정주읍교회가 설립이 되었고 그 이듬해인 1900년엔 염방교회와 곽산교회가 그리고 1901년엔 청정교회가 설립되었다.[24] 정주의 경우 주일에는 시장이 열리지 않을 정도로 기독교의 영향력이 컸다.

기독교 신앙을 바탕으로 고난을 감수하며 민족과 함께 살아간 위대한 선구자

구한말 기독교는 사람들에게 희망으로 비쳤다. 남강 이승훈의 삶은 그 시대 사람들에게 기독교가 어떻게 보이고 개인과 공동체의 삶에 어떤 영향을 미쳤는지를 잘 보여준다. 코로나19로 인해 교회가 세상 속에서 대의명분을 상실해 가는 이때 이승훈의 삶을 되돌아보는 것은 앞으로 교회가 나아가야 할 바를 말해준다. 이승훈의 삶은 크게 둘로 나누어 볼 수 있다. 전반기는 출생부터 44세까지의 기간으로 개인적인 성취의 시기였다. 이승훈은 가난한 가정에서 태어나 일찍 조실부모하여 혈연단신으로 보부상으로부터 출발하여 평북 제일의 거상이 된다. 인생 후반부에 도산 안창호를 만난 것을 계기로 기독교 복음을 받아들여 나라와 민족을 위하여 헌신했다.

　이승훈은 구한말, 지난 500여 년을 지탱해왔던 양반체제가 무너지고 서구열강과 외세에 의하여 조선의 문호가 개방되는 사회적 격변기인 1864년 3월 25일 평안북도 정주(定州)에서 태어났다.[25] 그가 태어난 서북지역은 조선 조정의 차별정책으로 인하여 양반의 수가 감소하고, 신흥 상공인 계층이 그 위치를 대신하던 곳이었다. 서북지역의 계층적 특성은 앞서 살펴본 것처럼 기독교를 적극적으로 받아들여 기존의 사회적 시스템을 대체할 수 있는 대안으로 만들어 가고 있었다. 이승훈은 조실부모한 후 10살 때부터 당시 청정(靑亭)에서도 이름이 있었던 유기상인 임일권의 사환으로 일하였다.[26] 그는 천성이 곧고 성실하여 임일권의 신임과 총애를 받으며 상인으로서의 수련을 쌓기 시작하였다. 훗날 그는 여기서 익힌 제조 및 경영방법을 잘 활용하여 자신의 독립적인 유기공장을 설립하였다.[27] 상인으로 어느 정도 기반을 닦은 이승훈은 자신의 가정을 꾸리기 위해 임일권의 유기공장에서 나와 보부상이 되어 서북지역을 누비고 다녔다. 당시 서북지역은 근대정신에 눈을 뜨고 있었다. 따라서 이곳의 상인이나 지식인들은 시국을 보는 안목이 기존의 보수적인 사람들과 달랐다. 이승

3·1운동정신과 코로나극복

훈은 이들과 접촉을 하면서 자신의 안목과 지식을 넓혀 나갔다.[28]

이승훈은 어릴 적부터 양반이 되는 것이 소원이었다. 그가 양반이 되고자 한 것은 단지 양반으로부터 받았던 서러움을 씻기 위해서였다. 어느 날 그는 납속수작(納粟授爵)이 있다는 사실을 발견하게 된다. 납속수작이란 상인이 돈으로 관직을 사는 것으로 실질적으로 관직을 주는 것과 차함(借銜)으로 실직은 없이 명의만 주는 두 종류가 있었다. 그런데 조선 후기에 서북지역의 상인들이 돈을 주고 사들인 관직은 대부분 실제적인 관직이 아닌 차함이었다. 후에 그는 참봉의 벼슬을 사서 양반이 되는 자신의 소원을 이룬다.[29] 그러나 이때까지는 아직 민족이나 서민사회라는 개혁 사상은 그에게 없었다. 단지 가난이 싫어서 그리고 자기 가문을 양반의 억압으로부터 해방하기 위해 돈을 벌 뿐이었다.

이러한 이승훈의 생각에 변화가 생기기 시작하였다. 외세의 침략이 비단 정치뿐만 아니라 민족의 경제활동에도 크게 작용한다는 것을 깨닫기 시작한 것이다. 그가 설립한 유기공장이 일제 도자기 회사의 진출로 쇠퇴의 운명에 처하게 되자 경제의 움직임이란 어떤 한 개인의 힘으로만 좌우되는 것이 아니라, 국력과 깊은 관계가 있다는 사실을 깨닫게 된다.[30] 원래 이승훈에게는 민족이라는 생각이 없었다. 다만 양반과 천민의 구별이 없기를 원했다. 그리고 헐벗고 굶주린 사람들이 없기를 원했다. 여기까지 그는 인도주의자요 평등주의자였다. 그런데 조국이 일제에 눌리는 것을 보면서 차츰 민족과 민족 사이에도 양반과 천민이 있고, 나라와 나라 사이에도 부자와 가난한 자가

있다는 사실을 자각한다.[31]

　1907년 평양에서 도산 안창호와의 만남은 이승훈의 삶의 결정적 전환점이 되었다. 1907년 헤이그 밀사 사건 그리고 고종의 양위 소식을 듣고 이승훈은 답답한 마음을 금할 수 없어서 평양으로 갔다. 마침 안창호가 모란봉에서 연설한다는 소문이 들려왔다. 안창호는 이미 청년 애국자이자 웅변가로 명성이 자자했다. 이승훈도 안창호에 대해서는 이미 소문으로 들은 바가 있어서 그의 연설을 듣기 위해 모란봉으로 갔다. 안창호는 우리가 4천 년 역사의 조국을 잃지 않으려면 구습을 버리고 새 힘을 길러야 하며, 그 힘을 기르기 위해서는 새로운 교육을 통해 새사람이 되는 길밖에 없다고 목소리를 높였다.

　여러분 이렇게 흥분만 할 것이 아닙니다. 먼저 우리의 처지를 생각해 봅시다. 우리가 남의 나라 사람에게 업신여김을 받을 만합니까? 아마도 누구든지 사람대접을 받지 못하리라는 것은 짐작할 것입니다. 옛날 사람의 말에도 '인필자모이후　인모지(人必自侮而後 人侮之)'라 했습니다. 즉 사람이 자기를 업수히 여긴 후에 다른 사람을 업수히 여깁니다. 우리 국민이 모두 깨어서 자기의 덕을 닦고 행세(行勢)를 바로 한다면 다른 사람이 업수이 여길래야 업수이 여길 수가 없습니다. 물론 일본사람들이 하는 일이 나쁩니다. 장차 우리 2천만의 피를 빨아 먹고야 말 것입니다. 우리의 4천 년 내려오던 귀여운 나라는 그만 일본사람의 손에 들어가고야 말 것입니다. 우리의 조상들이 전해 준 모든 재보(財寶)는 일본이 가져갈 것이여. 우리의 사랑하는 아들과 딸들은 모두 일본의 남종, 여종으로 붙잡혀 갈 것입니다. … 우리는 우물 안의 개구리처럼 작은 하늘만 쳐다보고 있습니다. 좀 넓은 세상을 바라보고 세계의 대세가 어떻게 되며 남들은 어떻게 사는가 하는 것을 좀 살펴보아야 합니다. 우리는 깨어야 합니다. 우리는 정신을 차려야 합니다. … 우리 나라를 바로 잡으려면 먼저 우리도 깨어나야 합니다. 우리 후진을 새교육으로 가르칩시다. 일심정신(一心精神)으로 후배들을 가르칩시다. 이것이 우리나라를 구하는 방법입니다.[32]

30세 청년 안창호의 연설은 44세 이승훈의 마음을 움직였다. 이승훈은 민족을 위해서 교육과 산업을 육성하는 것이 중요함을 깨닫게 된다.[33] 이승훈은 즉시 술과 담배를 끊고 새로운 삶을 살기로 한다. 양반이 되는 것이 꿈이었던 이승훈은 안창호의 연설을 듣고 모든 민족이 양반 되게 하는 것으로 꿈을 바꾸었다.

안창호와의 만남은 그로 하여금 일생을 교육을 통한 민족계몽과 자립경제를 통한 일제로부터의 독립을 위하여 헌신하게 하였다. 평북 정주 용동에 초등교육기관인 강명의숙(講明義塾)을 세워 신교육을 실시하였고, 그해 12월 24일에 오산학교(五山學校)를 설립하여 민족운동의 중심인물을 양성하였다.[34] 오산학교 개교식 때 이승훈은 7명의 입학생을 놓고 다음과 같이 말했다.

지금 나라가 날로 기울어져 가는데 우리가 그저 앉아 있을 수 없다. 이 아름다운 강산, 선인들이 지켜 내려온 강토를 원수의 일인 (日人)들에게 내맡긴다는 것은 차마 있어서는 안 된다. … 총을 드는 사람, 칼을 드는 사람도 있어야 할 것이다. 그러나 그보다 더 긴요한 일은 백성들이 깨어나는 일이다. 세상이 어떻게 돌아가는지 모르고 있으니 그들을 깨우치는 것이 제일 급무다. 우리는 우리를 누르는 자를 나무라기만 해서는 안 된다. 내가 못생겼으니 남의 업신여김을 받는 것이 아니냐. 내가 오늘 이 학교를 세운 것도 후진을 가르쳐 일만분의 일이라도 나라에 도움이 되기를 원하기 때문이다. 오늘 이 자리에 일곱 명의 학생밖에 없으나, 이것이 차츰 자라나 칠십 명 내지 칠백 명에 이르도록 완성할 날이 머지않아 올 것이니 일심 협력하여 나라를 남에게 빼앗기지 않는 백성이 되기를 부탁한다.[35]

같은 해 9월에는 안창호와 함께 신민회를 조직하여 평북총관으로 활동하였다. 특별히 상인이었던 이승훈은 조선이 일본의 지배에서 벗어나기 위해서는 민족의 경제적 자립이 필요하다 여겨 신민회를 통하여 민족산업을 육성하고자 하였다. 신민회의 창립목적은 다음과 같다.

본회의 창립목적은 우리나라(我韓)의 부패(腐敗)한 사상(思想)과 습관(習慣)을 혁파(革罷)하야 국민(國民)을 유신(維新)케 하며 쇠퇴(衰頹)한 발육(發育)과 산업(産業)을 개량(改良)하야 사업을 유신(維新)케 하

3·1운동정신과 코로나극복

며 유신(維新)한 국민(國民)이 통일연합(統一聯合)하야 유신(維新)한 자
유문명국(自由文明國)을 성립(成立)케 함이다.36

신민회가 시대의 위기로부터 민족을 구하기 위하여 선택한 방법
은 토착 산업 육성과 민족기업을 육성하여 인재를 양성하는 데 있었
다. 이들은 날로 강력해지는 일제의 경제적 침략에 대응하기 위하여
민족산업 육성에 박차를 가했다.37

이승훈은 신민회 사업의 하나로 1908년 평양에 자기회사(磁器會
社)를 설립한다. 그가 도자기 회사를 설립한 것은 유기업자로서의 경
험도 있었지만, 일본제 도자기의 유입으로부터 국내 자기를 보호하
려는 것이 근본적인 이유였다. 고대로부터 고려청자, 조선백자에 이
르기까지 조선은 일본도 탐낼 정도로 고도의 정제된 기술을 가지고
있었음을 간파한 그는 도자기 회사를 설립하는 것이 민족자본을 보
존하는 것이라 보았다. 안창호 역시 평양 자기회사 창립 축사에서 경
제 구국이 민족 구국의 지름길임을 강조하였다.

우리나라의 세계적인 자랑인 고려자기는 그 발상지가 평양 부근
이다. 저 송호리 석탄을 이용하여 고열을 발하기에 성공하였다. 우
리 한국의 경제적 파정을 막을 길이 자작자급(自作自給)밖에 다시
없다. 그중에 공업의 진흥이야말로 한국의 생명선이다. 전 현해탄
건너로 일본 제품이 홍수같이 반도로 밀려 들어와 독점시장이 되
었으니, 애국 동포 여러분, 조국을 살리는 것이 다만 정치만이 아

니라 경제력이다. … 산업을 진흥함이 곧 애국이고 구국이라는 것을 잊지 말자. … 선조 때 만들던 고려자기는 우리는 왜 못 만드느냐? 세계 각국은 눈부시게 진보하는데 우리만이 왜 퇴보냐? 이것은 우리나라에 유교가 들어와서 상공업을 천대하기 때문이다. 금일(今日)에 발기하는 마산동 자기회사가 좋은 물건도 만들고 평판 높은 그대로 각국에 많이 수출되고 이익을 많이 내기만 하면 전국에 이런 회사가 많이 생기리라 믿는다.[38]

안창호는 당시 조선이 일제의 경제적 침략을 막지 못한 이유를 상공업을 천대하였던 조선의 성리학에서 찾았다. 그는 기독교가 이 땅에서 성리학을 대체할 수 있는 새로운 가치관이라고 믿고 있었다.

이승훈 역시 기독교를 무너져 가는 조선을 살릴 수 있는 사상적 대안이자 위기를 극복할 수 있는 해답이라고 보았다. 이는 당시의 지식인들이 기독교를 통해서 민족 구원의 소망을 발견하려고 한 것과 같은 상황에 해당한다.

그러나 이승훈은 몇 가지 점에서 구한말 국권 회복을 위해 기독교를 선택하였던 지식인들과는 다른 점을 보여준다. 이만열은 이승훈의 회심의 기간에 1907년 평양대부흥운동과 1909년 백만인 구령운동이 일어났음을 주목하면서 그의 회심이 이 시대의 교회사적인 분위기와 무관하지 않았을 것이라고 지적한다.[39] 이승훈의 전기를 쓴 김기석의 글에 의하면 이승훈은 한석진 목사의 "십자가의 고난"이라는 제목의 설교를 듣고 회심하였다고 한다.[40] 이만열은 이러한 이승훈의 회심의 체험을 다음과 같이 평가한다. "예수를 알기 전에는 경제적 부를 누리면서도 기껏해야 일가 친족의 영달을 기원했던 남강이 민족의 아픔에 참여하면서도 … 기쁨이 넘쳐흐르게 하였다."[41] 이만열의 지적과 같이 회심 사건은 이승훈에게 기독교 복음을 통한 사회변화라는 것을 확신하게 하였다. 신간회의 입단 권유를 받았을 때한 그의 대답이 그 대표적인 예다. 1927년 민족운동 단체로서 신간회가 조직되었을 때, 이승훈은 이렇게 대답하였다. "신간회니 무엇이니 하지만 기독교에서 일함이 참 큰일이지. 맘을 변화시키니까."[42] 그는 철저하게 기독교적 신앙을 가지고 살았다. 이만열은 기독교 신앙이 이승훈에게 미친 영향을 다음과 같이 평가한다.

그러나 무엇보다 후반생을 남강답게 살게 한 것은 기독교 신앙이었다. 그는 믿음의 사람으로 자신을 부정하며 그리스도를 따른 사람이요, 기독교 신앙을 바탕으로 고난을 감수하면서 민족과 살아간 위대한 선구자였다.[43]

기독교 신앙, 특별히 그의 회심의 계기가 되었던 "십자가의 고난"은 당시 한국 사회가 당한 그리고 그가 걸어가야 할 길을 암시한 것이었는지도 모른다.

105인 사건과 삼일운동:
"나는 하나님을 믿는 사람입니다"

1911년 2월 이승훈은 서울에서 일본 헌병의 불심검문을 받았다. 당시 이승훈은 안중근 의사의 사촌 동생인 안명근의 명함을 가지고 있었다는 이유로 검거되어 그해 4월 제주도에 유배를 당한다. 이승훈은 제주도에서도 기독교 복음과 신교육을 주민들에게 전하며 교육 사역에 전념하였다. 그러던 중 일본이 조작한 105인 사건에 연루되었다는 이유로 서울 경무 총감부로 이송되어 10년 형을 선고받고 투옥된다.[44] 이승훈은 모진 옥고를 치렀지만 신앙은 더욱 깊어졌다. 그가 수감 중일 때 나부열(羅富悅, Stacy L. Robert) 선교사가 찾아왔다.[45] 나부열 선교사는 이승훈을 위로하며 성경과 『천로역정』을 넣어주었다. 옥중에서 보낸 5년 동안 이승훈은 성경을 백 번 읽었다고 한다.[46] 훗날 이승훈은 이 시기를 회고하며 다음과 같이 말하였다.

> 제주도 유배로부터 가출옥될 때까지 5년 동안 비록 육체적으로는 쇠잔(衰殘)되었지만, 성경을 탐독하고 신앙인으로서의 수양(修養)을 받아 정신적으로는 더욱 강해졌다.[47]

이승훈은 1915년 2월 출옥한 후 정주교회에서 세례를 받고, 3월에는 평양신학교에 입학하여 1년 반 동안 수학하였다. 그 후 54세가 되던 1917년 8월 21일에 장로로 장립되었다.[48] 1907년 안창호와의 만남 이후 오산학교를 설립하고, 신민회 활동에 참여하였을 뿐만 아

3·1운동정신과 코로나극복

니라 자기회사를 설립하여 민족산업육성에 애를 썼던 이승훈의 활동은 자연스럽게 그를 서북지역에서 기독교 대표 인물로 부각(浮刻)시켰다.

1918년 9월 평북 선천에서 제7회 장로교 총회가 열렸을 때 상해 교민 대표로 참석한 여운형(呂運亨)은 이승훈과 파리강화회의를 계기로 궐기하자고 논의를 하였다. 그리고 그해 12월에는 동경 유학생 서춘(徐椿)이 모교인 오산학교에 와서 이승훈, 조만식, 박현환 등에게 국제 정세와 동경 유학생들의 움직임에 관해 설명하고 독립운동에 대해서 논의하였다. 이때 이승훈은 여운형과의 계획을 밝히고 국내, 상해 그리고 동경에서 각각 독립선언을 발표하는 방안을 제시하였다.[49] 그러던 차에 천도교 측에서 만세운동에 대한 제의가 들어왔고, 이승훈은 기독교 대표로 천도교 측과 만세운동에 대해서 논의를 시작하였다. 1919년 2월 초에 서울로 올라와 3·1만세 운동이 일어나기까지 20여 일 동안 48명의 지도자와 회의를 하였다. 독립선언서와 독립청원서의 문안을 만들고 인쇄를 했으며, 일본 정부와 조선총독부에 보낼 서류 그리고 미주와 구주 지역에 보낼 서류도 발송하였다. 회의는 48명이었지만 33명만 서명한 것은 1차 운동이 실패할 경우를 대비해 2차 운동을 추진한 사람들을 남겨놓기 위함이었다.[50] 1919년 3월 1일 정오에 파고다 공원에서 만세 소리가 울려 퍼졌다. 하지만 이승훈을 비롯한 민족 대표 33인은 파고다 공원이 아닌 태화관에서 낭독하였다. 그리고 이승훈은 다른 민족 대표들과 함께 일본 순사에게 검거되어 수감(收監)되었다. 이승훈은 33인 가운데 최고형인 3년을 언도 받아 세 번째 옥고를 치르게 된다.

이승훈은 3·1운동을 하나님이 주신 기회라고 믿었다. 그는 재판장에서 3·1운동에 대한 자기 생각을 다음과 같이 말하였다.

> 나는 하나님을 믿는 사람이다. 하나님이 인류를 내실 때 각각 자유를 주셨는데 우리는 이 존귀한 자유를 남에게 빼앗겼다. 자유를 빼앗긴 지 10년 동안 심한 고난과 굴욕이 우리를 죽음이 골짝으로 이끌었다. 일본이 오래 옛날 한국으로부터 입은 은의(恩意)를 원수로 갚되 이렇게 심할 수가 있느냐, 우리는 최후의 1인 최후의 1각까지 적의 칼 아래 쓰러질지언정 부자유 불평등 속에서 남에게 끌려가는 짐승이 되기를 원치 아니하노라. 우리의 이번 일은 제 자유를 지키면서 남의 자유를 존중하라는 하늘의 뜻을 받드는 일에 지나지 않는다. 한국의 독립은 한국의 영광뿐이 아니고 튼튼한 이웃을 옆에 갖는 일본 자신의 행복조차 되는 것이다.[51]

"나는 하나님을 믿는 사람입니다."라는 이승훈의 첫마디는 그가 어떤 마음으로 3·1운동에 참여했는지를 잘 보여준다. 아마도 105인 사건으로 감옥에 수감 중에서 있었을 때 성경을 읽으며 이 세상이 하나님의 섭리하에 있음을 깨달았던 것 같다. 이승훈은 자신이 처한 상황도 하나님이 섭리 속에 있다고 확신했다. 영하의 몸이 되었지만, 낙망하지 않았고 매일 아침과 저녁 성경을 읽고 기도하면서 보냈다. 동아일보 1922년 7월 22일 기사에는 다음과 같은 내용이 실렸다.

내가 감옥에 들어간 후 한 일은 2,700여 페이지가 되는 구약을 열 번이나 읽었고, 신약전서를 40독을 하였으니 그 외 기독교에 관한 서적은 읽은 것이 7만 페이지는 될 터이니 내가 평생 처음 되는 공부를 하였소. 장래 나의 할 일은 나의 몸을 온전히 하나님께 바치어 교회를 위해 일할 터이니 나의 일할 교회는 일반 세상 목사나 장로들의 교회가 아니라 온전히 하나님이 이제로부터 한 민족에게 복을 내리시려는 그 뜻을 받아 동포의 교육과 산업을 발전시키고자 하오.[52]

1922년 59세의 나이로 임시 출옥된 이승훈은 민족문화운동에 전념하였다. 이듬해인 1923년에 이상재, 윤치호, 남궁억과 함께 조선교육협회를 창립하여 민립대학 설립 운동을 하였다. 이승훈을 비롯한 조선교육협회 회원들은 일제의 관제 식민지 교육에 대항하는 방법은 조선인에 의한 대학 설립에 있다고 보았다. 1924년 5월, 이승훈은 당시 민족 신문이었던 동아일보(東亞日報) 4대 사장에 취임하여 민족 언론 창달에 힘썼으며, 조만식과 함께 물산장려운동을 주도하였다.[53] 그는 당시 우리나라의 역사를 하나님의 섭리사적인 관점에서 이해하였다. 그는 국가를 위해 그동안 자신이 한 것은 하나님께서 시키셨기 때문이라고 고백하였다. 이러한 이승훈의 역사이해 때문에 오산학교와 용동은 기독교와 민족이념으로 무장한 독립운동의 전초기지가 될 수 있었다.

너희들이 이 학교에 들어온 지 이미 4년이 되었다 할지라도 초창기가 되어 여러 가지 설비가 부족하여 공부도 변변히 하지 못한 채 교문을 떠나게 된 것은 매우 유감된 일이나 지금 우리 형편은 편히 앉아 충분히 공부만 하고 있을 때가 아니다. 하루라도 빨리 나아가 너희들이 배운 것만큼이라도 우리 동포를 일깨워 주어야 하겠다. 이 거칠고 험악한 세상에 보내는 것이 마치 양을 이리가 가득한 틈바구니에 보내는 것 같이 느껴진다. 그런데 거칠고 험악한 것을 정복하고 새로운 길을 여는 것이 너희들의 일이다. (1910년 7월 17일 제1회 졸업식 훈화 중)⁵⁴

우리가 할 일은 빼앗긴 나라를 다시 찾는 일이요, 이것을 찾아서 영광스러운 나라로 만드는 일이다. 그런데 이 일을 위해서는 해외에 나가는 일도 필요하고 밖에서 군대를 길러 쳐들어오는 일도 필요하다. 또 세계의 여론을 일으켜 우리에게 유리하도록 이끌어 남의 지원을 받는 일도 필요하다. 그러나 백성 한 사람 한 사람이 깨어 일어나 밝고 덕스럽고 힘 있는 사람이 되기 전에는 이 모든 일이 헛된 수고가 될 것이다. 10년 앓은 병에 7년 묵은 쑥이 약이 된다고 하거니와 그 쑥이 없다면 이제부터라도 묵혀야 할 것이다. 나는 우리 학교 졸업생들이 방방곡곡에 흩어져 백성 속에 들어가 그들을 깨우치고 그들의 힘을 길러 민족 광복의 참된 기틀을 마련하는 자가 되기를 바란다. (1915년 2월 오산학교 졸업식 훈화 중)⁵⁵

3·1운동정신과 코로나극복

저는 한 것이 없습니다.
다만 하나님이 시키셨을 뿐입니다

이승훈의 기업관에 있어서 주목할 것은 관서자문론(關西資門論)이다. 관서자문론이란 식민지 경제 체제에서 민족경제 자립을 추진하기 위해 거족적인 민족자본을 형성하자는 것을 말한다.[56] 즉, 일본 및 서구 열강들의 외래자본 대량유입을 막기 위해 약소 민족자본을 한데로 모아 민족자본을 결집하자는 것이다. 즉, 관서에는 관서 자본을 합친 관서 재벌, 관북에는 관북 재벌, 영남에서는 영남 재벌, 호남에서는 호남 재벌 등 지역 단위로 자본을 합치고 다시 각 재벌이 긴밀한 협조체제를 구축하여 한반도의 경제 구조와 인프라를 구축한다. 1905년 이후 수많은 민족 기업체가 도산하는 것을 보면서 그는 민족자본의 규합이 없이는 일제 식민치하에서 경제적 자립은 불가능하다고 보았다. 민족자본이 서로 지역적으로 결합하고 분업형식으로 긴밀한 협조체제를 갖추어 외국 식민지 기업과 경쟁해야만 민족 사업이 육성되는 동시에 외래자본에 잠식되지 않는다는 것이 그의 확신이었다.[57]

당시 조선 거상들은 문어발식 경영을 통해 한반도의 경제 구조를 독점화하려던 상황 속에서, 이승훈의 관서자문론은 그 시대 사람들과 대비되었다. 그렇다면 도대체 무엇이 이승훈으로 다른 상인들과 다르게 거시적으로 경제를 바라보게 하였을까? 사실 이 부분에 대해 명확한 이유를 알 수는 없다. 그러나 훗날 이승훈은 자신이 걸어온 길이 "하나님께서 교육입국(敎育立國)과 신산흥업(殖産興業)을 통하여

민족적 위기를 극복하게 하도록 예비하신 것"이라고 말 한 것으로
볼 때 기독교 신앙이 그에게 자신이 가진 재산의 공공성 혹은 공동체
성을 인식하게 하였을 것이다.[58] 이승훈은 사업을 통해 이윤이 생기
면 곧바로 구국 사업에 투자하였다. 기업의 목표는 이윤창출이다. 그
런데 그는 그 이익을 자신이 아닌 공동체를 위하여 기꺼이 내놓았다.
이것은 창출된 이익은 자신의 것이 아닌 공공의 것이라는 인식이 있
었기에 가능한 것이다. 여기서 우리는 이승훈의 경제윤리가 성경적
청지기 사상의 토대 위에 형성되어 있음을 본다.

재산의 공공성에 대한 인식은 그의 이상촌(理想村)에 대한 이상에
서도 잘 나타난다. 이승훈은 기독교 신앙으로 오산학교와 용동을 중
심으로 한 민족중흥을 꿈꾸는 이상촌을 건설하고자 하였다. 그는 공
유농지를 만들어 빈부의 차를 없애게 하고, 부지런하고 근면하며 서
로 돕는 공동체를 만들고자 하였다. 자면회(自勉會)를 구성하여 일주
일에 한 번씩 마을의 일을 논의하였고, 만든 물건은 공동으로 내다
팔고자 하였다.[59] 하지만 이상촌의 핵심은 재산의 공공성을 넘어선
성경적 가치관으로 무장된 공동체를 만드는 데 있었다. 처음 그는 자
신이 살던 용동을 중심으로 신민회의 강령에 따른 새 나라 새 백성들
이 살아가는 공동체를 조성하였다. 글방을 두어 문맹자를 없앴고, 일
거리가 없는 사람에게는 일거리를 제공하였다. 이러한 시도는 성공
적이었다. 거리는 깨끗해졌고 사람들의 복장도 단정해졌다. 거리에
서 놀음과 술판을 벌이던 사람들이 사라졌다. 마을 사람들은 교회의
야학에 나가 열심히 배우고 부지런히 실천하였다. 주민들 모두 예수

를 믿었기 때문에 이승훈이 집에 있는 때는 모두 모여 예배를 드렸다. 용동은 신앙공동체였고, 생활공동체였다.[60]

1922년 임시 출옥한 이승훈이 오산학교로 돌아왔을 때, 오산학교는 교세가 크게 확장되어 있었다. 이승훈을 중심으로 교사와 학생 그리고 주민들이 한마음으로 새 나라의 공동체운동에 동참하였다. 당시 오산학교를 중심으로 7개의 공동체가 형성되었다. 각 마을 공동체에는 각각의 마을 모임이 있었고, 일곱 공동체 마을을 하나로 묶는 조직으로 협동조합과 소비조합을 만들었다. 학생 수가 증가하자 학생들은 마을에 기숙하게 되었다. 하교 후에도 학생들은 학교의 규칙에 따라 생활하여야 했기에 마을 사람들 모두가 교사들을 도와 학생들의 생활을 지도했다. 마을 사람들은 학교에서 열리는 강연회와 음악회에 참여하였고, 또 교회에서 부흥회가 열리면 말씀을 듣기 위하여 교회에 모였다.[61] 이승훈이 3·1운동 이후 선택한 가장 구체적인 구국운동은 기독교 세계관을 토대로 하는 공동체운동이었다.

지금까지 살펴본 바와 같이 1907년 평양에서 안창호와의 만남은 이승훈의 인생의 전환점이 되는 중요한 사건이었다. 이 만남을 통해 이승훈은 국운이 기울어져 가는 상황 속에서 기독교만이 당시 조선 사회가 직면한 문제를 해결할 수 있는 대안임을 깨달았다. 또한, 1907년의 평양대부흥운동의 결과로 나타난 기독교인들의 윤리와 도덕성 회복 운동은 이승훈에게 기독교 복음만이 성리학이 줄 수 없었던 시대적 질문에 대한 대답이라고 확신하게 하였다. 이승훈은 1907년 이후로 죽을 때까지 복음과 민족과 역사를 위하여 살았다.

오늘까지 오면서 내가 한 것은 조금도 없습니다. 모두 하나님이 나를 그렇게 하도록 만들었습니다. 여러분이 다 아시는 대로 나는 무식합니다. 나는 아무것도 아는 것이 없습니다. 하나님께서 나를 이렇게 이끌어서 오늘까지 왔습니다. 이후로도 그럴 줄 믿습니다.[62]

III.
고난 속에서 소망하는 법

포스트 코로나 시대를 준비하고 있다. 앞으로 인류는 코로나19를 기점으로 나누어질 것이라고 말한다. 교회도 예외는 아닐 것이다. 지난 8월 15일 광화문에서 일어난 일로 교회는 코로나19로 인한 새로운 양상을 맞고 있다. 가장 큰 변화는 교회의 현존이 필요했던 앞선 2~3세기의 로마제국이나 개신교 선교 초기의 한국 사회와 달리 오늘날 세상은 교회의 부재를 요구한다는 것이다. 과거에는 교회의 현존이 사람들에게 위로가 되었다. 그러나 지금은 교회의 현존이 사람들에게 근심거리로 여겨지고 있다. 제임스 화이트의 말과 같이 교회는 세상에 교회가 존재하는 대의명분을 제공해 주어야 하는데, 안타깝게도 코로나19 이후 한국교회는 세상을 향한 대의명분을 상실해 버렸다.

대의명분을 상실한 한국교회는 어디로 가야 할 것인가? 이 글은 이 질문에서부터 출발하였다. 길을 잃어버렸을 때는 지나온 길을 되돌아보아야 한다. 지나온 길을 돌아보는 것은 방향성과 관련이 있다. 코로나19로 인해 모든 것이 혼란스러운 이 시기에 교회의 출발점을 되돌아보아야 한다. 앞서 살펴본 것처럼 초대교회는 오늘날 우리가 처한 것보다 더 어려운 상황이었다. 하지만 우리가 지난 역사 속에서 보는 것처럼 어려움 속에서 교회는 더 성숙해졌고 부흥을 경험하였다. 2~3세기에 그리스도인들은 그들의 신앙 때문에 조롱과 박해를 받았다. 종교개혁 당시 프로테스탄트들의 삶도 초대교회 성도들이 당했던 어려움과 크게 다르지 않았다. 구한말 기독교도 마찬가지다. 3·1운동으로 인해 투옥된 사람들 가운데 기독교인의 수가 가장 많았다고 한다. 결과론적으로 보면 복음이 흥왕했던 시기이지만 각각의 시기에 살았던 그리스도인들은 오늘 우리와는 비교할 수 없을 정도로 큰 고통을 받았다. 하지만 이 시기 교회는 가파르게 성장하였다. 로드니 화이트의 표현대로 그들은 각각 동시대의 사람들에게 새로운 규범과 새로운 유형의 관계를 제시했다. 그리고 교회가 제시한 규범과 새로운 형태의 관계는 교회의 현존 당위성을 제공하였다.

그러나 우리가 간과하지 말아야 할 중요한 점은 정체성이다. 윤리가 정체성을 만드는 것이 아니라 정체성에서 윤리가 나온다. 이승훈은 나라를 잃은 절망 속에서, 모진 고문을 받고 옥고를 치르면서도 말씀 속에서 새로운 힘과 용기를 얻었다. 그리고 그는 법정에서 당당하게 자신이 하나님의 사람임을 선언하였다. 이승훈이 고난 가운데서도 믿음으로 살 수 있었던 것은 자신이 누구인지 분명히 알고 있었기 때문이다. 복음이 삶의 차이를 만들어낸다.

교회가 공격을 받는다고 약해지는 것이 아니다. 교회는 어쩌면 어려움 속에서 교회가 될 수 있다. C.S. 루이스(C.S. Lewis)는 『영광의 무게』에서 재난이라는 상황을 올바르게 바라보는 노력이 필요하다면서 재난은 문제를 드러내기도 하지만 긍정적인 면이 빛을 말하는 계기가 되기도 한다고 주장하였다.[63] 코로나19로 그동안 감추어졌던 한국교회의 많은 문제가 겉으로 드러났다. 어쩌면 이 문제는 코로나로 인해 발생한 것이 아니라 그동안 성장이라는 그늘에 숨겨져 있었던 것이 수면 위로 드러난 것뿐이다.

교회는 다시 소수의 자리로 가야 한다. 그리고 고난 속에서 소망하는 법을 배워야 한다. 교회가 영광의 자리가 아니라 고난의 자리에 들어가는 것을 두려워하지 않고 오히려 그것을 기쁨으로 여긴 것은 주위 사람들에게 교회의 주장이 얼마나 가치가 있는가를 나타내는 중요한 표지였다. 로마제국에서 살아가면서 핍박하는 자를 위해 기도하고 도시의 평안을 위해 기도하고 이웃을 향해 기꺼이 자신의 목숨조차 내어놓았던 그리고 구한말 혼돈의 시대 속에서 고난의 십자가를 지고 세상에 들어갔던 이승훈과 같은 믿음의 선배들의 모습을 본받아야 한다.

나아가 믿음의 공적인 측면을 재확인해야 한다. 예수 그리스도 그분은 만유의 주님이라는 고백은 비록 짧지만, 세상을 흔드는 신앙의 원초적 힘이었다. 초대교회 성도들이 신앙을 개인적인 영역에 머물지 않고 공적인 영역으로 확장할 수 있었던 것은 그리스도는 만유의 주님이시라는 고백 때문이었다. 앞서 고찰한 바와 같이 믿음의 선배들은 세상 속에서도 그리스도의 하나님 되심을 선포하였다. 세상에 들어가 당시 사회가 직면한 문제들에 대한 기독교적인 대안을 제시하였다. 재난에 대처하는 교회의 성숙함 그리고 공공의 영역에서 하나님의 하나님 되심을 선포했던 선배들의 헌신과 당당함을 배워야 한다.

현재 한국교회가 직면한 가장 커다란 문제 가운데 하나는 신앙의 개인주의화이다. 공동체성을 회복하여야 한다. 2~3세기 기독교가 로마제국 내 다른 어떤 체계보다 힘을 발휘할 수 있었던 것은 강력한 공동체성 때문이었다. 이승훈이 출옥 후 오산학교와 교회를 중심으로 마을 공동체를 만든 것도 공동체성의 회복이 시대적 문제에 대한 대안임을 발견했기 때문이다. '바빌론에 포로로 끌려갔던 이스라엘 백성들은 시온을 바라보며 울었던(시 137:1)' 그 힘든 시기에 회복될 수 있었던 것처럼, 코로나19가 교회의 본질과 사명을 자각하는 계기가 되어 다시 복음이 흥왕하게 되었으면 한다.

> 모든 은혜의 하나님 곧 그리스도 안에서 너희를 부르사 자기의 영원한 영광에 들어가게 하신 이가 잠깐 고난을 당한 너희를 친히 온전하게 하시며 굳건하게 하시며 강하게 하시며 터를 견고하게 하시리라(벧전 5:10)

코로나19
재난을
극복하기 위한
3·1운동 정신

임희국(장로회신학대학교 명예교수)*64*

I.
생명 살림의 문명으로

　한국교회는 130여 년 역사 속에서 시대적 상황마다 교회의 사회
공공성과 사회 공적 책임을 수행했다. 19세기 말, 환자치유의 기독교
병원설립과 인재양성의 기독교 학교설립은 그 시대의 사회가 기독교
를 인식하는 첫 단추였다.

　하지만 오늘날 한국교회는 그 역할을 감당하고 있지 못하고 있다.
코로나19가 온 세계를 강타하며 전 인류에게 당혹감과 공포 그리고
고통을 안겨주고 있다. 코로나19 재난 속에서 교회는 사회적으로 적
절히 대응하지 못한 채 무기력했고, 예배를 비롯한 모든 모임이 갑자
기 중단되는 사태에 당황하기만 했다. 게다가 올여름에는 유례없이

길고 긴 장마와 폭우로 우리는 기후변화를 넘어선 기후위기의 시대를 절감했다. 코로나19 재난과 연계된 기후위기는 이제 지구촌 전 인류에게 철기 문명에서 생명 살림의 문명으로 문명의 전환을 재촉하고 있다.

II.
콜레라 전염병에 생사를 걸고 대처한
19세기 말 선교사들

19세기에는 해마다 여름이면 역병이 돌았다. 전국에서 수많은 사람이 역병으로 앓아눕거나 사망했다. 가장 무서운 역병은 콜레라였다. 1887년에는 콜레라가 온 나라를 휩쓸어서 수천 명이 쓰러졌다고 한다. 역병의 기세가 얼마나 대단했던지 아침에 건강했던 사람이 정오에 사망하였고 또 한 가족이 한꺼번에 사망하기도 했다. 의료선교사들도 이 병에 걸릴까 봐 무서워 벌벌 떨었다. 그러나 정부의 요청으로 의료선교사들은 긴급히 응급조직을 구성했다. 애비슨(Oliver R. Avison)이 응급병원과 위생업무의 총책임을 맡았다. 그의 지휘 아래 일반 남녀 선교사들도 함께 서울 시내 여러 곳에 천막검역소(Shelter)를 설치했다. 천막검역소에서 수많은 환자가 치료되고 돌봄을 받았다. 또 선교사들은 가가호호(家家戶戶) 방문하여 주민들에게 전염병 예방 교육을 했다. 당시 남대문과 동대문 등의 성벽에 홍보물이 붙었

는데, "콜레라 환자가 기독교 병원에 가면 죽지 않고 살아난다."라는
내용이었다.

이처럼 19세기 말 콜레라 역병이 창궐하던 때, 제중원 선교사들
은 감염의 위험에 노출에도 자기희생을 각오하고 환자를 돌보았다.
그들은 행함과 실천으로 복음이 전해졌다. 어느 날 새벽 미명에 언
더우드가 치료받는 환자의 검역소로 가는데, 이를 본 주위 사람들이
"저기 인간 예수가 가는군. 그는 쉬지도 않고 밤낮 환자 곁에서 일한
다네!"라며 탄복했다. 이를 지켜보던 의료선교사 릴리아스가 말했다.
"조선 사람들이 선교사들의 봉사를 통해 주 예수를 발견하게 되는
것보다 더 달콤한 보상이 있을 수 있는가?"라고 스스로 반문하며 감
격했다.

기독교가 무엇인지 모르고 복음마저 생소한 조선의 사람들에게
선교사들은 말이 아니라 행함과 실천으로 복음을 증언했다. 선교사
들은 자기 몸을 던졌고 자기희생을 각오했다. 당시의 선교활동은 코
로나19 재난 앞에 있는 한국교회에게 무엇을 해야 하며 또 무엇을 할
수 있는지를 물으며 또한 해답을 제시한다.

III.
1919년 3·1운동, 민족 독립을 위해
자신을 희생한 장로교회

1919년 3·1운동이 국내·외에서 평화적으로 일어났다. 당시 한국의 인구는 약 1,600만 명이었고 기독교인은 약 29만 명이었다. 전국에서 200만 명 이상이 3·1운동 독립 만세시위에 참여했다. 전체 만세 시위자의 약 30%가 기독교인이었고 또 시위 도중에 체포되어 투옥당한 사람의 20% 정도 역시 기독교인이었다.

3·1운동 기간에 전국 각 지역의 장로교회 교인들은 독립만세시위를 참여하고 주도했다. 이 사실이 그해 10월에 개최된 장로교회 제8회 총회에 보고되어 회록(會錄)의 보고서로 채택되었다. 여기에는 전국(만주지역 포함) 12개 노회[65] 교회들(교인)이 독립 만세시위에 참여한 내용을 상세하고도 생생하게 보고했다. 인명(人名)과 지명(地名), 교회명(敎會名)까지 정확하게 기록된 보고서는 3·1운동에 관한 위대한 '기록문화유산(記錄文化遺産)'이라고 볼 수 있다.

장로교회 제8회 총회회록의 독립 만세시위보고서를 살펴보면, 독립 만세시위의 주도세력은 전국 21개 중학교의 교사와 학생들이었다.[66] 이들은 시위준비과정에서 태극기 제작을 주도했고 독립선언서를 은밀히 인쇄했다. 그리고 시위현장에서 독립선언서를 나누어주며 독립선언서를낭독하고 앞장서서 거리를 행진했다. 일제의 헌병과 경찰은 시위현장을 야만적으로 진압했다. 때리고 걷어차며 체포하고,

경찰서로 연행해서 고문으로 심문하고, 형무소에 가두고, 학교를 불태웠다. 몇몇 중학교(서울 경신중, 대구 계성중 등)는 1920년 초반까지 학사 운영을 회복하지 못하였다.

　장로교회의 3·1운동은 일제의 식민지배에서 벗어나는 민족 독립을 위한 만세시위로 진행되었다. 서울에 일어난 독립만세시위의 추진 세력은 전문대학의 기독 재학생들이었다. 예컨대 연희전문대학의 김원벽, 세브란스의전의 김문진, 이용성, 보성전문대학의 강기덕, 경성의전의 김영기, 한위건 등이었다. 이 학생들에게 시위 동력을 불어넣은 사람은 박희도였다. 일본 동경 YMCA에서 거행된 유학생들의 독립선언식(2월 8일) 소식을 들은 그는 2월 10일경부터 강기덕, 한위건, 김원벽, 주익 등 서울 YMCA에 드나들던 학생들과 독립 만세시위를 모의했다. 또한, 세브란스병원의 이갑성도 2월 12일과 14일 두 차례에 걸쳐 배동석, 김문진, 김원벽, 한위건, 김영기, 윤지영 등과 회합을 했다. 김원벽과 강기덕은 박희도와 의논하여 전문대학들의 활동 책임자를 선정했다. 또 이들은 2월 20일 승동예배당에서 학생간부회를 소집했다. 이갑성은 2월 28일 독립선언서 1,500매를 강기덕에게 전달했다. 강기덕과 김원벽은 이필주 목사 집에서 중학교 학생 대표들에게 독립선언서를 나누어주었고, 승동예배당에서 전문대학 학생 대표들에게 독립선언서를 나누어주었다.

　1919년 3월 1일 오후 2시경 탑골공원 팔각정에 3,000~4,000명의 학생이 운집했다. 정재용(경신학교 출신)이 독립선언서를 꺼내 단상으로 올라가서 낭독했다. 이어서, 탑골공원 정문을 나선 학생 시위대가

동과 서로 나뉘어 "독립 만세"를 외치며 시가행진을 시작했다. 고종의 장례 참석차 시내에 있던 시민들과 상경 지방민들이 시위에 합류했다. 시위대의 한 편은 '종로~남대문~서소문~정동~대한문~광화문~서대문~합동~장곡천정~조선은행~진고개'로 향하다가 일본 헌병과 경찰의 진압으로 해산되었다. 시위대의 또 한 편은 '종로~돈화문~총독부의원'을 거쳐서 해산되었다. 이날 연행된 학생들은 134명이었다.

3월 4일에는 서울의 전문대학과 중학교의 학생 대표들이 배재고보 기숙사에 모여서 제2차 시위를 모의했다. 이 자리에서 김원벽과 강기덕이 시위대 지휘권을 부여받았다. 그 이튿날 3월 5일 오전 8시 남대문광장(서울역 앞)에서 제2차 독립 만세시위가 또 한 번 학생 주도로 시작되었다. 학생들과 일반인들이 태극기를 흔들고 "독립 만세"를 외치며 남대문을 향해 행진했다. 시위대의 한 편은 '남대문시장~조선은행~종로 보신각'으로 행진했고, 다른 한 편은 '남대문~대한문~무교동~보신각'을 향해 행진했다. 이 과정에서 시위군중이 1만 명으로 불어났다. 이날 75명이 체포되어 경찰서로 연행되었다.

평양에서 일어난 독립 만세시위는 3월 1일 숭덕학교에서 시작되었다. 이때 숭실전문대학의 4학년 이보식, 3학년 김태설, 2학년 이균호, 길진경, 이인순 등이 만세시위를 주도했다. 물론 평양의 교회들도 시위에 동참했다. 시위주동자들이 '독립선언서'를 낭독한 후, 참가자들에게 독립선언서와 태극기를 배포했다. 이어서 시위군중이 거리로 나가서 "독립 만세"를 외치며 행진했다. 숭덕학교의 만세시위를 주동한 숭실전문대학 학생들(이균호, 김태설, 이균호, 이인순, 길진경, 이보식 등 10명)은 일본 경찰의 추격을 받았다. 모우리(E. M. Mowry) 선교사는 이 학생들을 3월 5일부터 4월 4일까지 자택 지하실에 숨겼다. 학생들은 이곳에서 「독립신문」을 편집하고 인쇄했다. 경찰이 4월 4일 모우리와 마포 삼열(S. A. Moffett)의 집에 각각 들이닥쳤다. 경찰이 모우리의 집에서 김태설 등을 체포했고, 선교사 마포 삼열의 집과 숭의여학교에서 시위 관련 유인물과 그것을 인쇄한 등사기 3대를 증거물로 압수했다. 모우리와 마포 삼열이 체포된 학생들과 함께 4월 5일 경찰서로 연행되었다. 모우리는 범법자에게 은신처를 제공했다는 혐의로 평양구치소로 이송되었다, 그러나 마포 삼열은 방면되었다. 학생 용의자 11명 가운데서 6명은 죄가 입증되어 형무소로 이송되었고 나머지 5명은 방면되었다. 모우리는 1심 재판에서 6개월 징역형을 선고받아 옥고를 치렀다.

대구에서는 2월 중순에 독립 만세시위 계획이 몇몇 장로교회 지도자들에게 사전에 전달되었다. 중국 상해에서 온 김순애(김규식의 부인)가 계성중학교 교사 백남채를 만나서 거사계획을 알렸다. 또 서울의 이갑성(세브란스병원 사무원)이 남성정교회(현 대구제일교회) 목사 이만집, 백남채, 남산교회 조사 김태련(김주현) 등을 만나서 거사계획을 알리고 논의했다. 서울과 평양에서의 만세시위 소식이 대구에도 알려지자, 이만집이 동지들을 규합했다. 3월 4일경에 계성학교 졸업생이자 평양 숭실전문대학 재학생 김무생이 독립선언서를 대구에 가져왔다. 김태련이 독립선언서 인쇄(700매 등사판)와 태극기 제작(40본)을 비롯하여 제반 준비업무를 맡았다. 백남채는 계성학교 교사들과 학생들에게 거사에 가담하도록 설득하였다. 이만집과 백남채로부터 거사에 가담하도록 권유받은 교감 김영서가 호응하여 학생들에게 아담스관 지하실에서 독립선언서를 대량 등사하게 하고 또 다른 학생들에게 시위에 사용될 태극기를 집에서 몰래 제작하게 했다.

그런데 일본 경찰이 거사계획을 사전에 감지하였다. 3월 7일 백남채가 일본 경찰에 검속되었다. 그러나 시위를 준비하던 주모자 이만집, 김태련, 최경학, 김영서, 이재인 등은 이에 굴복하지 않고 3월 8일 토요일, 대구 큰 장(서문시장) 장날을 이용하여 오후 1시에 거사를 일으키기로 했다. 그리고 주모자들은 시내 여러 중학교 학생 대표들을 만나서 거사를 알리고 참여를 독려했다.

예정대로 3월 8일 오후 1시에 계성중학교, 신명여자중학교, 대구고등보통학교의 학생들, 교인들, 일반 주민들이 서문시장으로 결집했다. 물론 시장에는 장꾼, 가마꾼, 식당 주인과 종업원들로 북적거렸다. 이만집 목사와 김태련 조사가 근처에 있던 달구지를 끌어다 놓고 그 위에 올라섰다. 김태련이 품속에 숨겨온 독립선언서를 꺼내어 낭독하기 시작했는데, 일본 경찰이 달려와 제지하였다. 다급해진 김태련은 이만집에게 낭독을 넘겼고, 이만집은 공약 3장을 크게 읽고서 "대한 독립 만세"를 선창했다. 그러자 운집한 사람들이 "대한 독립 만세"를 따라 외쳤다. 곧바로 시위대가 형성되었고, 시위대의 선두에는 안경수(30세, 농업)가 태극기를 높이 쳐들고 섰다. 서문시장에서 출발한 시위대(1천 명 이상)는 서문교(현 동산파출소)를 지나 대구경찰서(현 중부경찰서)를 통과하여 경정통(종로)으로 행진했다. 이 과정에서 주민들과 신명여자중학교 학생들이 합류했다. 시위대가 동성로를 지나 달성군청 앞(현 대구백화점 부근)에 이르자, 일본 보병연대가 앞길을 가로막고 무력으로 시위대를 해산시켰다.

제2차 만세시위는 3월 10일 오후 4시 30분경 덕산정시장(현 염매시장)에서 일어났다. 계성중학교 교감 김영서, 학생 김삼도, 박태현, 박성용, 이석도, 박재헌 등이 주동했다. 김재병(27세)과 이덕주(23세)가 태극기를 들고 앞장섰고, 기독교학교 학생과 교인 등을 주축으로 약 200명의 시위대가 조직되어 행진을 시작했다. 이날 65명이 체포되었다. 대구의 독립 만세시위로 체포되어 연행된 자들 가운데서, 이만집 목사는 징역 3년, 계성중학교 교감 김영서와 졸업생 김무생은 징역 2년, 교사 최경학, 권희윤 등은 징역 1년 6개월, 전직 교사 이재인, 학생 박태현은 징역 1년, 심문태, 박성용, 허성도, 김삼도, 김재범 등은 각각 징역 10개월, 그 외 몇몇은 각각 징역 6개월을 선고받았다.

호남지역의 독립 만세시위는 양림리(광주군 효천면, 현 호남신학대학 근처)에 거주하는 외국인(미국) 선교사들과 수피아여학교 교사 김함라와 김필례, 그리고 최흥종 장로 등 세계정세에 밝은 지도자들이 청년들과 자주 모여서 독립운동의 기운을 북돋우는 가운데서 일어났다. 청년들은 '삼합 양조장'이란 간판을 달아놓고 주로 밤에 모였다.

광주 독립 만세시위의 불씨는 외부로부터 전해졌다. 일본 동경 2·8독립선언서가 정광호와 김마리아를 통해 전달되었고, 김필수 목사가 서울에서 광주로 와서 최흥종, 김철(김복현) 집사 등과 만세시위를 계획하는 밀담을 나누었다. 그 직후, 최흥종과 김철이 서울의 만세시위 상황을 직접 확인코자 서울로 갔다. 그러나 최흥종은 만세시위와 관련되어 체포되었고, 김철이 급히 광주로 돌아와서 남궁혁 장로(북문안교회, 현 광주제일교회)의 집에서 만세시위를 위한 모임을 가졌다. 숭일학교 교사 김강, 최병준과 삼합양조장 회원 황상호, 강석봉, 최한영, 한길상, 최영균, 김용규, 최정두, 서정희와 기독교인 김봉렬, 홍승애 등이 참석했다. 이들은 독립선언서 인쇄와 태극기 제작, 학생 동원(수피아여학교, 숭일중학교 등) 등을 논의하고 역할분담을 했다. 거사일은 3월 10일(작은 장날) 오후 3시로 정했다. 거사 전날(9일) 밤, 수피아여학교 교사 박애순과 진신애 등이 상급반 여학생들(홍순남, 박영자, 최경애, 양태원)과 태극기를 만들었다. 숭일학교 교사 최병준과 송홍진 등은 여러 학교를 돌며 학생들에게 독립 만세시위에 나서도록 독려했다.

3월 10일 아침 박애순은 학생들에게 독립선언서를 나누어주며 오후 2시까지 부동교 밑 장터로 모이도록 했다. 수피아여학교 학생들은 태극기를 가슴에 숨기고서 양림리에서 장터로 갔다. 시장에 운집한 군중들 사이에서 학생들이 독립선언서를 나누어주었고 또 '경고아이천만동포(警告我二千万同胞)'라는 유인물도 나누어 주었다. 그리고 학생들이 앞장서서 태극기를 흔들며 "독립 만세"를 외쳤다. 시위대가 우체국 앞에 이르자, 무장헌병대가 출동하여 시위주동자들을 체포하기 시작했다. 시위대의 행진이 경찰부에 이르자, 무장 군경이 총에 검을 꽂아서 시위대를 위협하며 다가왔다. 일제가 비폭력 평화

시위를 무력으로 진압했다. 이때 여학생 윤형숙(윤혈녀)은 헌병의 군도(軍刀)에 태극기를 흔들던 팔이 잘려나갔다. 그녀는 얼른 다른 팔로 태극기를 주워들고 "독립 만세"를 외쳤다. 그녀는 체포되었다. 또한, 일제에 의해 기소된 수피아여학교 교사 박애순과 진신애 그리고 학생 21명에게는 징역 4개월에서 1년 6개월의 선고가 내렸다.[67]

광주의 독립 만세시위는 기독교학교 학생들과 교인들이 조직적으로 이끌었고, 이들은 「조선독립광주신문」도 발간했다. 이 신문이 전라남도 여러 지역으로 만세시위 소식을 전했고, 이 신문 보도가 독립 만세시위를 확산시켰다.

장로교회의 독립 만세시위는 처음부터 끝까지 비폭력으로 평화롭게 진행되었다. 전국 모든 도시와 마을에서 독립선언서를 낭독하고, 선언서를 배포하면서 태극기를 흔들며 거리를 행진했다. 이 평화적 행진을 일제의 군경은 무자비하고 야만적인 폭력으로 진압했다. 특히 여성에게 가한 폭력(알몸 심문)은 그 잔인함이 도를 넘었다.

독립 만세시위를 전국 21개 중학교가 견인했다. 그 결과 학교가 입은 피해는 엄청나게 컸다. 교실의 집기가 파손되었고 학교 건물이 몽땅 불탔다. 고문당한 교사와 학생들이 그 후유증으로 사망하거나 신체 일부의 마비로 장기간 고통 속에서 지냈다. 이 가운데서도 중학교의 교사와 학생들이 입은 피해가 극심했다. 3·1운동 이후 중학교의 학생 수가 크게 줄었고(남학생 1,339명에서 748명으로, 여학생 342명에서 234명으로), 교사의 수도 줄었다(남자 교사 91명에서 38명으로, 여자 교사 38명에서 17명으로). 예를 들어 서울의 경신중학교에는 1920년 초반까지 수

업이 정상화되지 못했다. 독립 만세시위에 참여한 교사와 학생 다수가 경찰의 체포를 피해 도망 중이었기에 때문이다. 1920년 졸업식(3월 말)과 입학식(4월 초순) 등의 학사 일정이 마비되었다. 만세시위에 가장 많이 참여했던 3학년 학생 대부분이 유급되었다. 1920년 졸업생은 단 한 명이었다(김용, 제14회). 정신여자중학교에서는, 3월 1일 파고다 공원의 만세시위와 3월 5일 남대문 만세시위에 참석한 학생들을 색출해 내려고 일제 경찰이 기숙사까지 덮쳤다. 이때 학교의 졸업생이자 교사 김마리아가 체포 연행되어 모진 고문을 당했다.[68]

대구의 계성중학교는, 재학생 46명 전원이 독립 만세시위에 가담했다. 또 교장과 일본인 교사를 제외한 모든 교사가 시위에 참여했기에, 1년 동안 휴교했다. 시위가담 교사와 학생 대다수가 체포되고 투옥되었는데, 전·현직교사 8명, 재학생 35명, 졸업생 1명이 실형을 선고받았다. 1920년 4월이 되어서야 개교했다.[69]

당시의 중학교가 독립 만세시위를 견인했던 원인은 3가지로 정리할 수 있다. 교회에서 설립한 기독교학교였으며, 기독교학교에 대한 일제의 탄압 가운데서 항일정신이 싹트고 자랐고, 학교가 근대 시민의식을 가르쳤기 때문이다. 이 시민의식이 제국주의 일본과 정면으로 충돌한 사건이 독립만세시위라고 볼 수 있다. 한마디로, 시민의식이 3·1운동 정신 가운데 하나였다.

IV.
1920~30년대 물산장려운동, 농촌운동

물산장려운동은 1920년대 초반 확산된 '실력양성'에 대한 각성이 경제적 측면에서 전개된 민족운동이라고 볼 수 있다. 운동의 지향은 경제자립으로 민족 독립을 쟁취하자는 것이었다. 경제적 실력양성을 통한 자립경제에 대한 각성은 1919년 민족 독립을 위한 3·1운동이 좌절된 직후에 확산되었다. 3·1운동은 비폭력 만세시위와 독립선언의 선포로 국제 외교무대의 시선을 끌어 세계열강을 설득하여 민족 독립을 이루고자 하였다. 하지만 외교적 노력은 성사되지 못하였고 냉혹한 국제 사회를 경험한 우리 민족은 스스로가 실력을 양성하는 길을 자각하게 되었다. 그리하여 상공업, 계몽(여성, 위생), 질병 퇴치, 절제(금주금연, 국산품애용), 농촌경제살리기 등 다방면에 걸친 실력양성의 길로 나아가게 되었다. 물산장려운동은 이러한 맥락에서 경제적 실력양성으로 전개되었다. 교회는 이 운동에 적극 참여 하였고 조만식 등 장로교회 지도자들도 이 운동을 주도했다.

1920년 7월 30일 평양 예수교서원에서 '조선물산장려회' 발기인회가 개최되었다. 이 자리에 조만식을 비롯하여 약 70여 명 지역 교계의 지도자들이 모였다. 발기인회는 모임의 목표를 민족경제의 자립에 두었다. 그러나 일제 당국과 일제 상인들의 압력으로 진전 없이 답보상태가 되었다. 그러던 중 1922년 6월 평양 장대현교회에서 '조선물산장려회'가 발족하여 공식 출발했다. 회장으로 선출된 조만식은 물산장려운동이 민족 독립을 위한 경제 자립운동이라고 선언했다. 경제 자립운동은 식민통치 상황에서는 식민정부의 지원이 불가능하므로 민족 스스로 산업을 일으켜야 한다는 자주 의식이 저변에 깔려있다. 이 운동을 주도하는 중소 상공업인 대부분은 평양 지역 기독교 지도자들이었고 안창호 계열의 동우구락부에 속해 있었다.

1923년 서울에서 조선물산장려회가 조직되었다. 또 자매단체로 '토산애용부인회'(土産愛用婦人會)가 조직되었다. 물산장려운동은 사회단체들과 언론의 호응을 받아 전국 각 지역으로 퍼졌다. 국산품애용, 소비 절약, 금주금연 등의 다양한 운동이 전개되었다. 물산장려운동에 참여한 개신교 지도자들은 조만식, 유성준(1925년 이사장), 안재홍, 오화영(1928년 이사장), 이동욱, 원익상, 현동완, 심상문, 유옥경, 유영모 등이었다.

평양의 조선물산장려회는 조선기독교청년회(YMCA)의 왕성한 활동과 조만식의 지도력으로 발전했다. YMCA는 이 운동의 표어를 현상 공모하여 '내 살림 내 것으로', '조선 사람 조선 것', '우리 것으로만 살자', '조선 물산을 먹고 입고 쓰자, 조선 물산을 팔고 사자', '남이 만든 상품을 사지말자, 사면(구매하면) 우리는 점점 못살게 된다.' 등을 뽑아서 물산 운동을 홍보했다. YMCA는 일반 대중을 상대로 강연회를 개최하여 홍보행사를 벌였다. YMCA 중심으로 일어난 근검절약 운동은 절약저축을 통해 자본을 축적하여 상공업 발전에 투자했다. 조만식은 1921년 12월 '평양실업저금조합'을 설립해서 매월 5원씩 출자 저금하여 사업에 필요한 회사와 기관을 설립하였다. 이듬해(1922) 여름에 잉크를 제조하는 '대동강'이란 제조업이 설립되었다. 그는 1926년 10월 김능수, 김병연, 한근조 등과 함께 '평양절약저금식산조합'을 설립했다. 이렇게 평양의 물산장려운동은 일반 시민의 근검절약 운동을 통해 축적된 자본을 산업에 투자하는 방식으로 전개되었다.

그런데 이 운동을 가로막는 커다란 방해세력이 나타났고 뚜렷한 성과 없이 추진되다 1924년 이후 침체에 빠졌다. 침체요인은 일제의 방해 공작, 사회주의자들의 비판, 악덕 상인과 부도덕한 상공인들의 농간 등이었다. 그러나 무엇보다 가장 큰 침체요인은 산업 구조에 있었다. 1920년대 초반 국내산 원료에 자본과 노동을 들인 조선물산은 직물업과 고무신이 주종을 이루었다. 직물업에 종사하는 조선인 상공업자가 88만 명을 넘어섰다. 그런데 이 분야에 일본의 자본과 기술이 강하게 침투하기 시작했다. 이와 더불어 조선물산의 기반이 약화하면서 침체하였다. 이미 1923년에 일제의 자본력이 조선의 자본력을 3배나 추월하였다. 1929년 세계 대공황의 여파는 조선물산의 침체를 가속했다. 게다가, 국내 사회주의 계열이 물산장려운동은 일부 민족자본가의 이익만 추구한다는 비판을 가했다. 물산장려운동은 1930년대 초반에 잠시 회복되었지만, 다시 침체하였다. 그럼에도 1937년까지 지속되었다.

조선물산운동이 성과를 내지 못하고 1924년 이래로 약화하자 YMCA는 새로운 실력양성 운동으로서 농촌개량사업에 관심을 가졌다. 1923년 겨울에 YMCA 총무 신흥우가 개별적으로 농촌 지역의

3·1운동정신과 코로나극복

실상을 살펴보았다. 그는 미국 YMCA에게 조선 농촌의 실태에 대한 과학적인 조사를 의뢰했다. 미국 YMCA는 1925년 농촌전문가들 (F.M. Brockmann, B.P. Barnhardt, W.L.Nash, G.A. Gregg)을 파송해서 실태조사를 시행했다. 미국 YMCA 국제위원회는 그해 5월에 쌀 전문가 에비슨(G.W. Avison)과 교육전문가 쉽(F.T. Shipp)을 파송했다. 그 이듬해(1926년)에 제2차 농촌 실태조사가 시행되었는데, 미국에서 파송된 브룬너(E. de S. Brunner)가 약 두 달 동안 한국에 머물면서 조사를 지휘했다. 브룬너와 하경덕(河敬德)이 작성한 농촌 지역 조사보고서인 「한국농촌(Rural Korea a Preliminary Survey of Economic Social and Religious Conditions)」은 1928년 4월에 예루살렘에서 열린 '국제선교협의회'에 보고되었다.[70] 이에 한국 농촌경제의 심각한 상황이 국제 사회에 알려졌다.[71] 예루살렘 국제선교협의회에 참석하고 돌아온 조선 장로교회 지도자들은 총회 안에 농촌부를 설치하도록 건의하였다. 이에 장로교회는 제17회 총회(1928년)에서 농촌부를 설치했다. 총회는 각 지역의 노회도 농촌부를 설치하도록 했다. 장로교회 농촌부 설치의 일차적인 동기는 농촌경제의 피폐로 말미암은 교회의 위기(교인감소와 재정위기)를 타개하려는데 있었다. 이에 농촌운동은 '농촌 계몽'과 '농사개량' 그리고 '농촌지도자 양성'에 주력했다. 총회 농촌부는 농촌사업전문가를 초빙해서 강습회를 개최하고, 농업학교를 설립하였으며 모범농촌을 설치하고, 농민들을 위한 정기간행물 「농민생활」을 발간했다.

장로교회는 농촌운동을 시작하면서 이 기회에 외국 선교부에 의존해 온 재정으로부터 자립해야 한다고 보았다. "자작자급의 독립교회"로 성숙하기 위하여,[72] 교회 지도자들은 재정적으로 자립하는 교회가 되기 위해서도 농가 빚을 해결해야 한다고 보았다. 이런 차원에서 장로교회의 농촌운동은 농촌경제 살리기가 큰 몫으로 작용했다. 장로교회는 제18회 총회(1929년)에서 농촌 전도사업을 확장하기 위해 10월 셋째 주일을 농촌 주일로 지키도록 결의하고 이 날에 교회는 헌금하여 그 절반은 각 노회 농촌부가 쓰고 나머지 절반은 총회 농촌사업본부로 보내도록 했다.

장로교회 농촌운동 지도자들 가운데는 민족 독립을 위해 헌신했던 목회자들이 있었다. 예를 들어 1933년 이래로 장로교회 농촌부의 총무를 맡았던 배민수를 비롯한 김성원, 유재기 등 이었다. 이들 모두는 항일운동에 참여하다가 투옥된 경력이 있다. 배민수는 1917년 평양에서 숭실학교 학생들과 함께 '조선국민회'(朝鮮國民會)를 조직하고 독립운동을 계획하다가 적발되어 보안법 위반으로 10개월 동안 복역하였다. 1919년 3·1운동 당시에는 그가 함남 성진에서 만세시위를 주도하다가 체포되어 역시 보안법으로 9개월 동안 복역했다. 김성원은 14세의 나이로 3·1운동에 참여했으며, 1925년에 수원고등농림학교에 입학한 뒤에 이 학교에 조직된 비밀결사인 '조선개척사'(朝鮮開拓社)를 지도하다가 일제에 적발되어 1년 동안 복역하였다. 유재기는 '농우회사건'(1938년 6월)에 연루되어 복역했다.

농촌운동은 영혼과 육체를 통전적으로 구원하는 농촌선교라고 풀이할 수 있다. 배민수는 교회가 피폐한 농촌을 위해 영혼 구원뿐 아니라 물질적 구제까지 선교영역으로 포함해야 한다고 강조했다.

이훈구 또한 선교란 영혼을 죄악 가운데서 구속하는 일과 물질(떡)생활을 개선케 하는 일이라 강조했다. 그는 선교의 근거를 예수께서 가르쳐주신 주기도문에서 찾았다. 예수께서 '우리에게 일용할 양식을 주옵시고'라고 하셨는데, 여기에서 '양식'은 경제생활 전반을 뜻한다고 보았다. 농촌운동 지도자들은 농촌전도를 '실천적 기독교'로 이해했다. 배민수는 전국 곳곳에 모범농촌을 건설해서 "예수촌"을 만들고 이 땅에 "기독교 왕국"을 건설하려는 뜻을 품고 농촌운동을 이끌었다. 그는 사회혁명으로 나아가는 농촌운동을 지향했다. 그는 이를 위해 농민의 의식을 바꾸는 것이 일차적인 과제라고 보았다. 가장 먼저 그는 해묵은 관습을 타파하고 나쁜 생활습관을 바꾸고자 했다. 예컨대 관혼상제 간소화, 금연금주, 도박금지, 여성의 권리와 남녀평등, 위생, 협동, 미신타파(고사, 굿, 조상숭배) 등이었다. 또한 그는 농사개량 곧 농사의 기계화를 통해 농촌경제를 향상하는 일에 주력했다. 그가 구상한 사회혁명은 궁극적으로 민족 독립이었다. 그는 농촌의 경제를 살리면 나라의 독립은 필연적으로 따라오게 된다고 확신했다. 그의 확신은 물산장려운동인 '경제적 실력양성'과 상호 화답 되는 것이다.

실력양성을 위하여 시작된 YMCA의 농촌개량사업이 장로교회의 농촌운동으로 확산되었다. 1928년부터 10년 동안 전개된 장로교회의 농촌운동은, 질병(나병, 결핵) 퇴치 운동, 절제 운동(금주금연), 공창폐지 운동 등과 나란히 전개되었다. 이 운동은 민족의 독립과 자결을 위한 경제적 문화적 운동이었다. 여러 기독교단체들(기독교여성청년연합회(YWCA), 조선여자기독교절제회 등)도 실력양성 차원에서 문맹 퇴치, 야학과 강습소, 공창 폐지 운동, 위생 운동, 육아법, 절제 운동(금주금연)을 벌였다.

V.
그 이후 전개된 교회의 사회봉사

장로교회의 사회봉사(Diakonie)는 정치, 경제, 사회, 문화의 영역으로 확대되었고 또 이를 통해 교회의 사회 공공성과 사회 공적 책임 전통을 확립했다.

1945년 8·15광복 직후, 장로교회는 남한에서 새 나라의 건설을 위해 현실 정치에 적극적으로 참여했다. 이것은 장로교회의 사회 공적 책임 전통에서 비롯되었다고 본다. 1948년 5월에 구성된 제헌 국회에는 국회의원 210명 가운데서 기독교인 50명 정도가 선출되었다. 1950년부터 3년 동안 국토를 완전히 뒤집어 놓은 한국 전쟁 직후에는, 장로교회가 사회 재건을 위해 사랑의 섬김으로 사회봉사를 실천했다. 이때의 교회는 학교설립(공민학교, 일반 학교)을 통하여 산업화 시대(경제개발 5개년)의 인재를 양성했고 또한 총회의 산업전도는 국가의 경제를 일으키는 정신적 지주(支柱)가 되었다.

1960년대 이래로 우리나라는 산업화를 통해 경제가 비약적으로 성장하고 발전했다. 산업화에 따른 인구의 도시집중은 교회의 양적 성장(교인 수, 재정)을 촉진했다. 하지만 이때의 교회 성장은 큰 도시(서울, 부산 등) 교회에 국한되었다. 경제 성장으로 인해 도시 주변에는 밀려난 빈민과 산업근로자의 권익문제가 대두되었다. 또한, 인구의 도시유입에 따른 농어촌에서는 청장년 인구의 감소가 사회적 문제로 파문을 일으켰다. 이러한 사회변혁에 상응해서 장로교총회(예장통합)는 1971년 기존의 산업전도를 도시산업선교로 전환하여 사회 정의와 민주화를 위한 디아코니아를 시작했다. 또한 뜻있는 목회자들은 자발적으로 농촌으로 가서 교회의 사회봉사를 실천했다. 1980년대에 총회는 사회선교훈련을 본격적으로 시작하고 '지역사회선교협의회'를 조직했다. 예컨대 강원도 광산지역 장로교회들은 광산촌 디아코니아 프로젝트를 개발했다. 이와 함께 지역의 노회(강원동노회)와 교회들은 독일 개신교(EKD)와 다양한 차원에서 서로 협력했다.

1980년대 말 이래로 장로교의 몇몇 교단은 분단된 민족의 화해와 한반도의 평화통일을 위해 북한선교를 시작했다. 1990년대에 장로교총회(예장통합), 노회, 전국의 교회들이 북한을 방문하고 그곳의 주민에게 디아코니아를 실천했다. 예컨대, 한우 보급(식량 구호), 온실 건립(먹거리 자립 지원), 결핵요양소 건립(의약품 및 의료지원) 등이었다. 남한으로 온 탈북자 지원사업도 시작되었다. 세계화 시대에 한국 경제가 세계 10위권에 진입한 상황에서, 장로교총회와 산하의 전국 교회들은 세계 오대양 육대주에서 한국교회의 도움과 섬김이 절실한 응급 현장으로 달려갔다.

VI.
교회 본질의 회복

교회의 사회봉사(Diakonie)는 교회의 본질에 속한다. 한국교회의 역사 가운데, 19세기 말부터 1960년대 중반까지는 교회가 민족의 정치적 독립, 경제적 자립, 인재양성의 학교 교육, 기독교 문화 개발 등에 힘썼고 사회발전에 기여했다. 하지만 사회봉사가 1970년대(산업화) 이후에는 교회 성장의 수단으로 이해되었다. 본질보다는 수단이 우세했다. 현재까지 교회의 사회봉사는 교회 성장을 위한 프로그램으로 운영되는 경우도 허다하다. 결국 한국교회는 서두에서 언급하였듯 코로나19 재난을 말미암아 예배가 중단되고 모든 모임이 차단된 상황이 닥치자 당황한 나머지 사회적으로 적절히 대응하지 못한 채 무기력하다.

많은 이가 코로나19 이전 시대로 돌아가는 회복을 상정하고 있다. 그런데 회복에 대한 희망은 하나의 희망일 뿐 그 희망이 성취되지 못할 확률이 매우 높다고 한다. 비대면 시대에 적응하는 사람들은 밀집 공간인 아파트와 사무실을 탈출하듯 벗어나 전원생활을 선택하고 또 재택근무를 선호하고 있다. 이러한 현상을 반추하면, 코로나19 이전으로 돌아가는 회복이 아니라 코로나19 이후의 변화에 적응하거나 그 변화를 선도해야 할 것이다. 이는 시대의 징조(Zeichen der Zeit)를 교회가 예민하게 파악하고 민첩한 사회봉사를 실천해야 할 것이다. 기후변화를 넘어 기후위기의 시대에 직면해서, 정부는 초반 단계의 그

3·1운동정신과 코로나극복

린뉴딜 정책을 내놓았다. 교회의 향후 지향점도 하나님의 창조질서 보존을 위한 기후위기에 대응해야 할 것이다. 교회는 하나님의 녹색 은총이 온 누리에 임재하는 사회봉사를 실천해야 할 것이다.

칼빈의 관점에서 본 역병과 한국교회의 3·1운동을 통한 고난 극복

안명준(평택대학교 피어선신학전문대학원 교수)[73]

이 글은 칼빈의 관점에서 역병을 이해하고 오늘날 위기 속에 있는 한국교회를 살펴볼 것이다. 더하여 1919년 3·1운동으로 인하여 우리 민족이 받은 고난을 칼빈의 시각에서 적용하고자 한다. 특별히 16세기 유럽에서 역병으로 고난을 겪었던 기독교인들에 대한 칼빈의 돌봄과 사회개혁의 모습을 다루었다. 후반부에는 일제 탄압으로 고난을 겪은 우리 민족과 함께했던 한국 기독교인의 모습에서 힘들지만 억울한 자와 고난 속에 있는 자들과 함께하며 국난에 희생적이며 순교적으로 동참한 모습과 기도와 말씀으로 고난을 극복하는 모습을 살펴볼 것이다. 16세기, 19세기, 그리고 21세기, 시대와 장소는 다르지만 고난 가운데 있던 그리스도인들이 이를 어떻게 극복했는지 살펴보는 것은 현재 위기 속에 있는 한국교회에 작은 도움이 될 것이다.

I.
칼빈의 관점에서 본 역병

스위스 제네바에 본부를 둔 세계보건기구(WHO)는 1968년도 홍콩 독감 사태와 2009년 신종 플루(인플루엔자 A) 유행에서 팬데믹(Pandemic)을 선언하였다. 그리고 2020년 3월 11일 중국 우한에서 시작된 신종 코로나 바이러스(코로나19)로 인해 또다시 팬데믹을 선언하였다. 코로나19의 세계적인 감염으로 국제올림픽위원회(IOC)는 2020년 동경올림픽을 연기했다. 한국에서는 신천지 집단들의 은폐와 거짓으로 국민에게 막대한 피해를 주었다. 또한, 이런 사태로 인해 수많은 지역 교회들은 전염이 된다는 이유로 자의 반 타의 반 예배를 드리지 못하고 있다. 지금 전 세계는 도시 간의 이동금지령뿐만 아니라 국가 간 여행도 금지하고 있다.

역병(plague)이라는 단어는 헬라어 플레게(πληγή)에서 나왔다. 요한계시록에는 역병을 '재앙'이라는 단어로 악한 자들에게 닥칠 심판과 연결하여 사용하였다(계 9:20, 11:6). 중세 유럽에서는 역병은 페스트균에 의해 발병하는 역병(black death, pest)을 가리키는 말이다. 1347년부터 시작된 페스트로 인해 유럽 인구의 약 30%가 죽었으며 사회구조가 붕괴하여 소외된 자들과 유대인들과 같은 외국인들에 대한 증오와 학살 그리고 집단폭력이 발생하기도 하였다. 결과적으로 중세 장원제가 붕괴되고 13세기 전성기에 있던 아퀴나스 신학에 근거한 스콜라 철학이 무너지게 되었다.

종교개혁자들의 아픔은 바로 역병이었다. 처절한 죽음의 자리를 모면한 루터(M. Luther)와 베자(T. Beze)는 역병에 대한 글을 썼다. 츠빙글리(H. Zwingli)는 1519년 9월 말에 감염되었지만 11월 중순 역병에서 살아난 후에 역병가를 썼다. 루터는 1526년 6월 7일 첫아들을 시작으로 6남매를 두었는데 역병으로 고아가 된 여섯 아이를 입양하기도 하였다.[74] 하지만 한 자녀를 역병으로 잃었다. 불링거(H. Bullinger)는 그의 아내가 1564년에 죽었고, 쯔리히의 목회자들과 결혼했던 세 딸과 사위들도 역병으로 1564년과 1565년에 전부 죽었다. 이렇듯 이들에게 있어서 역병은 인생의 폭풍과 같은 죽음의 공포였다. 그러나 그들은 욥처럼 고난 속에서도 천국에 대한 소망을 가지고 믿음으로 승리하였다. 역병은 사랑하는 자들에게는 슬픈 이별이었지만 살아남은 자들에게는 인생의 방향과 하나님의 뜻을 깨닫게 하는 영적 교훈이 되었다.

역병은 15세기와 16세기의 유럽인들에게 무시무시한 저승사자로 많은 사람을 죽음으로 몰아갔고, 상처와 고통을 주는 폭풍과 같았다. 1571년 9월 프랑스 말발(Malval)이라는 지역에서는 임신한 딸이 해산을 위해 도움을 외쳤지만, 가족들은 역병 앞에서 전혀 도울 수가 없었다.[75] 역병은 혈육과 인권을 파괴하기까지 하였다.

역병의 공포는 서적이나 찬송 그리고 번역된 성경 안에서도 나타난다. 1411년에 스위스 북부 리히텐슈타이크(Lichensteig)에서 출판된 『토겐부르그 성경(Togenburg Bible)』에는 역병으로 고통당하고 있는 두 사람을 두 손을 들고 있는 모세의 모습으로 그렸다. 칼빈이 목회했던 제네바 대성당의 북쪽 탑에는 '자비'(La Clémence)라는 이름의 종이 있는데, 이 종의 기초석 비문에는 종의 사명을 다음과 같이 선언하고 있다. "나는 참되신 하나님을 찬양하고, 사람들을 소환하며, 성직자를 소집하고, 죽은 자를 위해서 눈물을 흘리며, 역병을 쫓아버리고, 축제일들을 제정합니다. 나의 소리는 모든 악마의 공포를 물리칩니다."[76]

역병과 고난 속의 칼빈

역병은 칼빈(John Calvin)에게도 예외가 아니었다. 죽음의 사자인 역병은 그의 삶을 일평생 따라 다녔다. 칼빈은 유럽의 고통스러운(Europa afflicta) 시기인 1509년 7월 10일에 태어났다. 그가 처음으로 역병과 대면한 것은 바로 어머니 잔 르 프랑(Jeanne Le Franc)의 죽음이었다. 6살 어린 나이에 경험한 어머니의 죽음은 역병이 큰 공포로 자리잡기에 충분했다. 칼빈이 14살이 되던 해인 1523년 그의 고향에도 역병이 퍼졌다. 그의 아버지 제라르 코뱅(Gérard Cauvin)는 몽마르 가문(de Montmor)의 형제들과 함께 칼빈의 안전을 위해 교회 장학금을 받으면서 학문을 마치도록 파리 마르슈 학교(College de la Marche)로 주선하였다.

칼빈은 역병이라는 용어를 1536년 8월 1일 『기독교강요』 서문 프란시스 1세 헌정사에서 처음으로 사용하였다. 그는 역병을 죄와 인간의 부패 된 관습에 관계된 것으로 보았다.

칼빈이 스트라스부르그에서 목회할 때, 리제(Liege) 출신의 재세례파 쟝 스또르데(Jean Stordeur)라는 장인이 있었다. 그가 1540년 봄, 역병으로 죽으며 아내 이델레트 드 뷔레(Idelette de Bure)와 두 아이(Charles, Judith)를 남겼다. 칼빈은 파렐의 주례로 1540년 8월 6일에 몇 살 연상의 이델레트와 결혼식을 올렸지만 얼마 지나지 않아 둘은 몹시 아팠다. 그들의 결혼의 즐거움은 금세 사라졌다.

1541년 4월 황제가 소집한 회의로 칼빈은 레겐스부르크(Regensburg)에 머물고 있었다. 역병이 스트라스부르그로 무섭게 퍼지면서 칼빈의 지인들이 엄청 죽었다. 칼빈이 사랑하는 친구 클로드 페라이(Claude Feray), 친구 베드로투스(Bedrotus), 하숙생 가운데 하나로 클로드의 제자인 루이스 드 리셔부르(Louis de Richebourg), 그리고 오이콜람파디우스(Oecodampadius)와 츠빙글리의 아들, 그리고 카스파 헤디오(Caspar Hedio)의 아들이 숨졌다.[77] 심지어 칼빈은 자신의 가족 중 두 사람이 역병에 걸렸다는 이야기를 들었다. 이 여파로 그의 아내 이델레트는 집을 떠나야 했다. 1541년 4월 2일에 피에르 비레(Pierre Viret)에게 보낸 편지에서 칼빈은 깊은 슬픔과 우울함을 토로한다. "내가 없는 가운데 무엇을 해야 할지 모르는 부인에 대한 염려로 밤낮을 지냅니다."[78] 아내를 위해 아무것도 할 수 없던 칼빈은 역병의 여파로 고통의 날을 보내면서도 여러 사람을 위로하였다.

칼빈은 1541년 9월 13일 시민들의 대대적인 환영을 받으며 제네바로 돌아왔다. 그가 받은 사례는 시의회로부터 매달 500 플로린 월급과 12부대의 밀, 포도주 2통이었다. 이는 나그네를 대접하도록 배려한 것이었다.[79] 16세기 칼빈이 살았던 당시 제네바는 부유한 귀족층을 제외하고는 일반 평민들이 사는 곳은 인구가 밀집되어 있어 신선한 공기도 부족했고 생활공간이 적었다. 이런 주거공간 때문에 역병이 발생하면 쉽게 퍼질 수밖에 없었다.

1542년 10월 역병이 퍼지자 피에르 블랑세(Pierre Blanchet)가 자원봉사를 하였는데 33세의 나이에 생을 마감했다. 그러자 루이 드 제니스톤(Louis de Geniston) 목사가 앞서 역병으로 삶을 마감한 피에르 블랑세의 본을 따라 자발적으로 병원에서 역병에 걸린 사람들을 위해 봉사하던 중 1545년에 역병에 걸려 사망하였다. 1546년 칼빈도 어떤 병에 걸렸는데 의회의 도움을 받았다. 칼빈은 자신의 집에서 많은 피난민을 돌보았다. 그러던 중 1549년 3월 29일 그의 아내도 그만 하늘나라로 가게 되었다.[80]

역병은 1563년 영국에서 집단 발생하여 8만 명을 사망케 했다. 역병은 칼빈의 죽음(1564년 5월 27일) 후에도 다시 시작되어 1571년까지 발생하였다.

역병에 대한 칼빈의 이해

칼빈은 역병을 하나님의 심판과 훈련이라는 이중적 관점에서 접근하였다. 심판과 관련해서는 두 양상으로 설명하는데 하나님을 대항하는 악한 원수의 세력과 죄에 대해서 진노와 심판으로 역병을 통해 보복적 심판을 하시는 것이다. 그러나 하나님은 자신의 백성에게는 죄에 대하여 교정적 징계를 하신다고 보았다. 특별히 성도의 고통은 궁극적으로 하나님의 허락하심에서 일어나는 정화 훈련의 과정이다. 이것은 하나님의 섭리로서 모든 죄인들은 일평생 이 훈련의 과정을 밟아야 한다. 그러나 이런 고통과 어려움 속에서도 하나님은 자기의 종들을 천사를 통해서 돌보신다.[81] 그렇기에 우리는 하나님의 자비와 인자를 생각해야 한다.[82] 칼빈은 모든 일을 우연히 일어났다고 생각하지 말고, 오히려 하나님의 은밀한 추진이었음을 인정하라고 한다. 언제나 똑같은 이유로 나타나는 것은 아니지만, 그러나 세계에서 볼 수 있는 일체의 변동이 하나님 손의 은밀한 활동에서 온다는 것은 의심의 여지가 없다고 생각하였다. 그렇기에 성도는 역병으로 인한 고통이 있을 때 슬픔을 당한 자들을 위로하고 병든 자들을 돌봐야 할 책임이 있다고 보았다. 이런 사회적 책임의 요구는 모든 종교개혁자들에게 동일하게 나타난다. 칼빈은 역병으로 인한 슬픔과 죽음이 믿음으로 말미암아 천국을 소망할 때에 극복된다고 보았다.

칼빈 시대에 역병에 대한 신학적인 논쟁이었는데 헤르만 셸더하위스의 다음과 같은 이해는 매우 흥미롭다. 칼빈은 먼저 로마가톨릭교회와 종교개혁자들과 마찬가지로 역병을 유럽 전역에 내린 하나님의 심판으로 바라보았다. 가톨릭교회는 종교개혁을 통하여 발생한 오류 때문에 하나님이 역병으로 심판하셨다고 보았다. 반면에 개혁파는 개혁에 더욱 열심 내지 못했기 때문에 심판하셨다고 생각했다.

3·1운동정신과 코로나극복

칼빈은 제네바에서 창궐한 역병이 하나님의 분노라며 그곳 사람들은 회개할 것을 당부하며 사제에게 편지를 썼다. 칼빈은 우리의 죄와 약점으로 인해 심판을 받았다는 것을 동의하면서 회개하고 하나님의 자비와 은혜를 구해야 한다고 인정했다. 하지만 칼빈은 심판에 있어서 하나님은 개혁파와 가톨릭을 구별하지 않으신다고 덧붙였다. 가톨릭은 우상숭배와 미신 때문에 벌을 받은 것이고 개혁파는 상황을 잘 알고 있으면서도 자신이 가진 진리로 충분히 나가지 못한 것 때문에 징계를 받는 것이라고 말했다. 한쪽은 불신 때문에, 다른 쪽은 감사하지 않았기 때문에 받는 징벌이었다고 본 것이다. 하나님은 공의로우신 분이시기에 누구도 심판에서 면제받을 수 없다.[83]

결국 칼빈은 지극히 지혜로운 하나님은 모든 사람에게 질병으로 훈련하신다고 보았고 그러므로 겸손하게 하나님 앞에 회개해야 한다고 보았다. 실제로 칼빈은 다른 사람들이 어떤 병으로 죽었을 때 자신의 죄로 받아들이면서 회개하도록 하였다. 1542년 7월 28일에 태어난 자신의 어린 아들 자크(Jacques)의 죽음을 보면서도 하나님이 자신을 치셨다고 하였다. 역병에 대하여 칼빈은 크리소스톰(Chrysostom)의 주장처럼 경고와 겸손으로 이해하였다. 하나님은 누구든지 회개하기만 하면 관대하게 대하시는 것을 기억해야 한다.[84]

칼빈에게 있어서 역병에 대한 두 번째 중요한 이해는 하나님의 섭리에서 바라본 종말론적 관점이다. 그는 역병으로 죽음을 맞이한 성도와 가족에게 위로와 소망, 구원의 확신의 메시지를 주었다. 칼빈은 자신의 친구, 자녀, 그리고 아내가 죽었을 때 비통해했다. 그러나 칼빈은 그리스도인들에게는 죽음조차 불행한 상황이 아니라고 믿었다. 죽음에 대한 슬픔도 하나님의 섭리 안에서 하나님이 주관하시고 우리를 돌보신다고 보았다. 그래서 칼빈은 슬픔에 압도당하지 않게 잠시도 쉬지 않고 자신의 일을 하였다.[85] 또한 칼빈은 하나님은 우리를 지으신 분이시며 우주의 창조주이시기에 겸손한 마음으로 그를 두려워하며 공경할 때 하나님의 섭리를 바르고 유익하게 이해할 수 있다고 말하였다.[86]

칼빈이 말하는 하나님의 섭리는 스토아 철학의 운명론과 다르다. 칼빈은 『기독교강요』에서 인간의 책임을 무시하고 모든 것을 하나님이 정했으니 아무것도 할 필요가 없다고 주장하는 사람들을 비판하였다. 예를 들어 부모님 중 한 분이 병들어 누워 있는데 아들이 치료를 게을리한 채 아무런 관심도 없이 그의 죽음만을 기다리는 방식은 잘못된 것이다. 마땅히 의무를 지고 생명의 보호해야 한다. 칼빈은 하나님이 주신 구조의 수단을 써야 한다고 보았다. 또한 위험에 대한 대비책을 소홀히 해서도 안 된다고 주장했다. 게으르고 태만하여 스스로 재난을 불러들이는 것은 잘못된 것으로 칼빈은 이를 위해 더욱더 하나님의 말씀을 배우는데 힘써야 한다고 보았다.[87] 따라서 무모함과 자만심을 버리고 끊임없이 하나님께 구해야 하는 것이다. 그러면 하나님은 우리의 마음을 참된 소망과 신뢰와 용기로 가득하게 하시며 우리를 둘러싼 모든 위험을 물리쳐 주신다고 보았다.[88] 이렇게 칼빈은 하나님의 섭리의 관점에서 죽음을 이해하고 극복하려고 하였다. 또한 실제로 어려운 사람을 도왔다. 그가 바젤에 잠시 머문 동안

3·1운동정신과 코로나극복

파렐의 한 친척이 전염병에 걸렸을 때 자기 돈으로 간병하였으며 결국 그가 죽자 장례비용을 책임지기도 하였다.

칼빈은 이 땅에서 일어나는 죽음의 슬픔을 하나님의 섭리로 극복하기를 바랄 뿐만 아니라 소망을 가지고 죽음 이후를 바라보게 하였다. 1347년부터 시작된 역병은 3년 동안 유럽 인구의 30%를 사라지게 했다. 그 후에도 역병은 여러 차례 몰아쳤다. 당시 역병은 일상을 함께하는 죽음의 공포였다. 그래서 칼빈은 더욱더 사람들에게 자신들의 인생과 죽음에 대하여 도전하였다. 인간의 현주소를 파악하고 죽음을 넘어 영원한 생명에 대한 소망을 강조하였다. 칼빈은 소망과 믿음을 밀접한 관계로 설명하였다. 믿음은 소망의 어머니(faith is the mother of hope)이며 소망을 낳는 것으로 즉, 소망은 믿음으로 인내하는 것이라고 보았다.[89] 소망은 친구처럼 믿음에 힘을 주어 격려하며 소망의 격려를 받은 믿음은 많은 시련과 유혹을 이겨낼 수 있게 하는 것이다. 역병으로 칼빈은 인간 실존을 인식하게 되었고 세상의 일시적인 것에 집중하는 것이 아니라 영원한 삶을 바라볼 수 있게 되었다. 칼빈은 기쁨으로 죽음을 기다리며 충만한 삶으로 즐거이 기다리는 모습을 소망하게 된 것이다[90]

역병은 칼빈에게 학교를 설립하도록 영향을 주었다. 역병의 위협은 1558년에 공사가 시작된 제네바대학교 대지 결정에도 고려되었다. 칼빈은 1538년에 스트라스부르그 대학을 세운 독일 출신 종교개혁자 요하네스 슈투름(Johannes Sturm)의 조언을 듣고 제네바 아카데미를 세울 계획을 했다. 마침 칼빈을 반대하던 아미 페렝(Ami Perrin)이

축출되면서 급물살을 타게 되었고 학교를 아름답게 건축하게 되었다. 학교 부지는 레만호수(Lac Léman)가 내려다보이며, 또한 신선한 바람이 불어오는 전경이 좋은 곳에 마련되었다. 이는 역병을 피하기 위한 것이었다.[91] 후에 설립된 의과대학에서는 1957년 노벨 생리의학상 수상자인 다니엘 보베 (Daniel Bovet), 1978년 노벨 생리의학상 수상자인 베르너 아르버(Werner Arber), 그리고 1992년 노벨 생리의학상 수상자인 에드먼드 피셔(Edmond H. Fischer)를 배출했다. 오늘날 제네바대학교의 대학병원 바이러스 연구팀은 인플루엔자 바이러스를 비롯한 새로운 바이러스 연구로 인류를 위한 귀한 공헌을 하고 있다.

II.
칼빈의 눈으로 본 위기의 한국교회

그러므로 함께 하늘의 부르심을 받은 거룩한 형제들아 우리가 믿는 도리의 사도이시며 대제사장이신 예수를 깊이 생각하라 그는 자기를 세우신 이에게 신실하시기를 모세가 하나님의 온 집에서 한 것과 같이 하셨으니 그는 모세보다 더욱 영광을 받을 만한 것이 마치 집 지은 자가 그 집보다 더욱 존귀함 같으니라(히 3:1-3)

코로나19로 전 세계가 고통 속에서 신음하고 있다. 코로나19는 보이지 않는 죽음의 사자처럼 소리 없이 다가와 사람들을 분리하고 삶의 존재를 마감하고 있다. 사람들은 코로나19를 하나님보다 더 무서워하며 떨고 있다. 현재 한국교회도 코로나19의 공격으로 외적 형태가 점점 약화되고 있으며 내적 본질이 흐려지고 있다. 고난의 시기에 한국교회와 성도들은 기독교의 본질적 원리에 성실해야 할 것이다.

위기 속에 있는 한국교회

한국교회는 팬데믹 이전인 1980년부터 여러 신학적 문제점을 보이면서 위기 가운데 있다. 한국교회의 심각한 문제점은 첫째 극단적인 이원론이다. 이원론의 구조는 '신앙과 행위', '교회와 사회', 그리고 '하나님의 나라와 현실의 세상' 등으로 구분된다. 두 관계를 무관하게 보는 것이다. 방선기는 이원론적 사고를 말하면서 '주의 일'과 '세상 일'[92]을 구분하는 태도를 예로 든다. 한국교회는 신앙, 교회, 하나님의 나라를 강조하며 중요시하지만, 행위, 사회, 현실에는 약한 모습을 보이며 심지어 무시하며 살아간다. 이런 이원론은 하나님의 나라에 대한 올바른 이해로 극복되어야 한다. 또한 하나님의 주권적 통치를 '현재' 우리가 받음으로써 극복될 수 있다. 둘째, 비성경적-외형주의적 교회의 모습이다. 오늘날 영적 순수성을 상실한 한국교회는 중세시대 로마가톨릭교회의 모습과 비슷하다.[93] 보이는 외관과 성도들의 숫자적 모임은 진정한 교회의 모습이 아니다. 거룩성과 통일성을 영적이며 유기적으로 보여주는 교회가 되어야 한다. 셋째, 그리스도인들의 연약한 삶의 모습이다. 한국교회가 세상 사람들의 걱정

거리가 되었으며 여러 문제에서 비판을 받고 있다. 성숙하고 성화되어가는 그리스도인들의 모습을 보인다면 참된 그리스도인으로 인정받을 수 있을 것이다. 거룩하고 살아있는 제사로 살아가는 변화된 그리스도인이 되도록 성령님의 인도하심을 매 순간 받아야 한다. 넷째, 물질주의에 함몰된 교회의 세속화이다. 세상의 가치는 돈이 최고이다. 돈이면 뭐든 다 할 수 있다고 믿는다. 물질만능주의 사상이 거룩한 공동체인 교회와 교회의 연합기관들에도 강한 힘을 발휘하고 있다. 자크 엘륄(Jacque Ellul)은 『하나님이냐 돈이냐』에서 예수님의 뒤를 따라서, 거저 주시는 하나님의 은혜를 의지하며, 거저 주시는 자의 삶을 실천하라고 말한다.

한국교회의 문제점을 근본적으로 극복하기 위해서는 먼저 그리스도인들이 하나님의 말씀에 충실하여 정체성을 회복하고 자신을 부정하며 이웃을 사랑하는 일에 진실 된 모습을 보여야 할 것이다. 말씀에 대한 올바른 이해를 통하여 삶을 성경적으로 살아가야 한다. 칼빈은 역병의 고통 속에서 또한 개인의 고난과 아픔 속에서도 낙심하지 않고 하나님의 말씀으로 교회를 세우고 사회를 개혁하며 학교와 구제사업 그리고 이웃 사랑의 의무를 감당하며 살았다.[94] 우리는 칼빈의 모습에서 한국교회를 회복하고 성도의 삶을 새롭게 하는 일에 중요한 교훈들을 얻을 수 있을 것이다.

말씀해석에 충실한 한국교회

코로나19를 만나 혼돈 속에 있는 한국교회는 무엇보다 하나님의 말씀에 대한 존중과 올바른 해석 그리고 성경적 교회가 되어야 한다. 이승구는 성경 말씀에 근거하여 바른 교회의 정립을 위한 세 가지 원리를 제시한다. 첫째, 성경을 정확무오한 하나님의 말씀으로 받아들여야 한다. 둘째, 성경 계시의 역사에 충실하면서 성경을 해석해야 한다. 셋째, 성경에는 바른 교회의 모습과 바른 교회를 구현하는 방식이 이미 기록되었기에 이를 따라야 한다.[95] 이 세 가지에 충실하다면 어려움 가운데 있는 한국교회와 목회자들의 사역도 새로워질 것이다.

많은 이단이 나타나 사회를 어지럽히고 한국교회를 어렵게 하였다. 수많은 이단의 공통점은 무엇보다 성경을 왜곡하여 자신들의 교리에 맞게 사람들을 유혹하는 것이다. 그들의 구원론이나 종말론은 신비주의와 카리스마주의로 성경을 정당하게 해석하지 못하게 하였고 그 결과로 수없이 많은 가정과 삶이 파괴되었다.

성경 왜곡을 경계한 칼빈은 말씀의 본질과 원리를 강조하였다. 로마가톨릭교회의 지도자들은 헛된 교리와 교회의 절대적 권위를 주장하였다. 그들은 성도는 해석학적 무지로 인해 성경을 잘못 해석할 뿐만 아니라 성경을 웃음거리로 만든다고 생각하며 자국어 성경 번역을 못하도록 했다. 한국교회는 칼빈의 주장처럼 무엇보다 성경을 올바르게 해석하는 일에 최선을 다해야 할 것이다.

말씀에 충실한 교회가 되기 위해서는 또한 성경을 최고의 신학 원리로 보아야 한다. 기독교 역사 속에 유명한 신학자도 많고 학설과 주장도 많았다. 그러나 이 모든 것들은 성경의 규범(norma normans, regula)에 따라서 판단을 받아야 한다. 담임목사가 교회와 신학의 원리가 되어서는 안 된다. 담임목사의 말과 성경의 말씀이 동등하게 이해될 수 없다. 목회자는 말씀을 올바르게 해석하여 성도들에게 하나님의 말씀을 올바르게 바라보도록 이끌어야 한다. 성경의 내용을 근거로 '마이크'의 역할을 하는 것이다. 말씀을 마음대로 조작하고 성도들을 진리의 교훈에서 멀어지게 해서는 결코 안 된다. 칼빈은 "교회가 가르치는 것과 명령하는 것이 전부 하나님의 말씀 진리에 근거해야 한다."고 말하였다. 성경에 없는 새로운 교리를 만들어서도, 주의 말씀에 계시 되지 않은 것을 하나님의 말씀이라고 주장해서도 안 된다. 칼빈에게는 성경만이 유일한 원리였으며 삶의 안내자였다.[96] 한국교회도 이처럼 말씀을 바르게 해석하고 하나님의 말씀을 신학의 원리로 존중해야 할 것이다.

그리스도인의 정체성 회복과
자기부정을 통한 이웃 사랑

오늘날 한국 사회에서 그리스도인이란 어느 교회를 다니는 교인으로 이해되고 있다. 틀린 말은 아니나 이런 소속에 근거하여 그리스도인을 이해하는 것은 참된 정체성이 아니다. 그리스도인은 지역 교회를 다니면서 목회자를 따르는 자가 아니라 구주이신 그리스도를 날마다 따르는 자이다.

라영환은 초대교회를 특징짓는 것은 소속감이 아니라 정체성이었다고 하였다. 초대교회 성도들에게 있어 예루살렘 교회 소속인지 아니면 안디옥 교회 소속인지가 중요한 것이 아니었다. 그들이 박해의 어려운 시기를 지나면서 믿음을 유지하고 세상을 변화시킬 수 있었던 것은 자신들이 누구이며 무엇을 위해 부름을 받았는가를 분명히 알고 있었기 때문이었다.[97] 네덜란드의 신학자 아브라함 반 드 베크(A. van de Beek)는 그리스도인이란 사명이 먼저가 아니라 오히려 주님에게 부르심을 받고 그리스도 안에서 그리스도인이 되는 자로 그 역시 정체성을 강조하여 설명한다.[98]

장호광은 참된 정체성을 인식한 그리스인들의 삶의 모습을 칼빈의 삶을 통해 설명한다. 먼저 바른 믿음이 바른 삶을 살게 하는데, 믿음이란 하나님의 은혜에 관한 확고하며 흔들림 없는 인식(지식)이며, 그리스도와 연합 즉 관계를 맺는 것이다. 칼빈에게 있어서 그리스도인의 삶은 창조주와 피조물의 관계이다. 결국 칼빈은 그리스도인들의 삶이란 먼저 하나님의 영광을 위하여 사는 것이며, 그분에게 순종하는 것이고, 삶의 터에서 몸으로 드리는 기도의 삶을 사는 것이며, 자기를 부정하며 십자가를 지는 것이고, 겸손하며 하나님를 경외하고 마지막으로 공동체를 의식하며 사는 것이라고 말한다.[99] 그리스도인의 정체성은 주님을 따르며 그에게 순종하며 하나님의 영광을 위하는 사는 삶이다.

참된 정체성을 알고 바른 삶을 살아가는 그리스도인은 이웃을 자기 몸처럼 사랑해야 한다. 칼빈은 이웃이 누구인지 그들에게 어떤 태도를 보여야 하는지를 설명한다. 칼빈은 십계명을 해석하면서 사마리아 사람의 비유를 설명한다. 즉, 이웃은 가까운 관계가 있는 사람이 아니라 관계가 '가장 먼 곳의 사람'이며 결국 모든 인류라고 해석한다. 그리고 이웃을 사랑할 때는 실수투성이며 성격적 차이가 있는 '인간을 먼저 보지 말고 하나님을 먼저 보라.'고 한다. 우리는 하나님을 사랑하기 때문에 모든 인류인 이웃을 사랑하게 되는 것이다.[100]

칼빈은 이웃에 대한 참된 태도를 설명하면서 자기를 부정하는 것이 우리로 하여금 우리의 이웃들에 대하여 올바른 태도를 제공한다고 말한다. 특별히 인간은 자신의 마음의 왕국에 살면서 잘되고 즐거울 때만 이웃에 대하여 좋은 태도를 보여주고 그들과 충돌하거나 고통을 받고 화가 나게 되면 독을 뿜어낸다고 보았다.[101] 우리는 어려울수록 인내하며 힘들고 짜증스러운 일이 발생하여도 자기의 허물을 돌아보아 겸손한 마음을 가지고 이웃에게 관대하고 친절하게 대해야 한다. 칼빈은 이런 진실하고 겸손한 태도가 없는 것이 우리 마음속에 있는 가장 치명적인 전염병이라고 말하였다. 바로 그것은 싸움을 사랑하는 것 그리고 자신을 사랑하는 전염병이라고 보았다. 칼빈은 이 무서운 전염병을 성경의 가르침으로 뽑아버리라고 말하였다.[102] 코로나19를 만난 이 시대에 그리스도인들은 이웃에 대한 이타적이며 진실하고 겸손한 자세로 자기 부정를 실현하여 진정한 사랑을 보여주어야 할 것이다. 사랑과 희생과 섬김을 통하여 한국교회를 세우는데 모두가 협력하여 복음의 진리를 바르게 증거하고 세상 가운데 모범을 보여주어 사회에 선한 영향을 주어야 할 것이다.

Ⅲ.
칼빈의 눈으로 본
3·1운동의 희생적 순교 정신

민경배는 3·1운동은 기독교적 구도를 가진 강력한 운동이라 말한다.[103] 여러 학자들도 기독교 신앙 없이는 3·1운동이 일어날 수도 없다고 평가한다.[104] 3·1운동 선언서에 서명한 33명 중 기독교 대표의 16명은 단지 숫자적인 면을 넘어서 한국 사회에 영향력 있는 인물들이었다. 이종전은 기독교가 주도적인 역할을 하게 된 것은 국민적의식이 교회와 기독교학교를 중심으로 형성되었기 때문이라고 평가한다. 또한 독립운동 초기의 민족지도자들은 대부분 기독교인이거나 교회가 운영하는 학교에서 공부한 신지식인이었다.[105] 이상규는 3·1운동에 기독교는 주도적인 역할을 하였는데 준비단계에서부터 선언문의 배포와 군중 동원에 이르기까지 중요한 역할을 감당하였으며 그 결과 교회에 대한 탄압도 심했다고 말한다.[106] 독립운동이 기독교가 중심적이었기 때문에 많은 성도와 목회자가 투옥되거나 피살되었고, 교회당이 파괴되었는데 대표적인 것이 제암리교회의 집단 학살이다.[107] 이런 상황을 이해할 때 기독교가 전제되지 않는다면 3·1운동을 올바르게 해석할 수 없을 것이다. 김정준은 제암리교회 학살사건을 몇 가지 신학적 의미로 해석하였다.[108] 먼저 이는 초대교회와 그리스도인들이 증거 했던 순교자 영성의 회복이며 이는 한국 사회에서 모든 사람과 함께 공존해야 하는 공적 신앙의 회복을 보여준다.

이는 21세기 한국교회의 표상으로 민족의 아픔과 고난에 동참하는
교회의 모습이라고 설명하였다. 한국교회는 우리 민족의 아픔과 함
께하였고 그 결과 혹독한 어려움을 겪었지만 기도와 성경공부에 대
한 신앙적 견고함을 얻게 되었다.

민족의 고난에 동참하는 희생적 순교 정신

우리 민족은 일본의 강압 통치 속에서 독립을 외쳤다. 일본의 포
악한 탄압에도 굴하지 않고 한국교회는 민족을 위해서 기도하며 말
씀으로 위기를 돌파하였다. 1938년 신사참배가 가결되자 조선예수
교장로회신학교는 폐교 조치 되었고, 숭실대학교는 자진 폐교를 하
였으며, 지도자들은 민족의 아픔을 몸으로 감당하며 감옥에서 피의
순교를 하였다. 당시 민족의 고난은 아래 선언서에 잘 나타난다.

낡은 시대의 유물인 침략주의, 강권주의의 희생을 비롯하여 역사
가 시작된 이래 몇 천 년에 처음으로 다른 민족에게 억눌리는 고
통을 겪은 지 지금까지 10년이 지났으니 우리 생존권을 빼앗긴 것
이 무릇 몇이며, 정신적 발전에 장애가 됨이 무릇 몇이며, 민족적
존엄이 훼손된 것이 무릇 몇이며, 새로움과 독창으로써 세계 문화
의 큰 흐름에 기여하고 도움을 보낼 기회를 잃은 것이 무릇 몇인
가.

일제의 강탈과 강포가 극치 속에서 민족의 아픔을 볼 수 있다. 이

런 아픔에 기독교인들은 중추적인 역할을 시작부터 해방될 때까지 선도하였던 것을 교회 역사를 통하여 분명하게 알 수 있다. 또한 아픔의 원통함에도 미래를 내다보면서 현재의 고난을 감당하였다.

아아 슬프도다. 오랜 억울을 드러내려 하면, 지금의 고통에서 벗어나려 하면, 앞날의 위험을 없애려 하면, 억눌려 사그라진 민족적 양심과 국가의 정의를 다시 일으키려면, 사람마다 정당한 발달을 이루려 하면, 가엾은 아이들에게 괴롭고 부끄러운 재산을 물려주지 아니하려면, 자자손손의 오래도록 완전한 경사와 복을 이끌어 맞이하게 하려 하면 가장 크고 급한 일이 민족의 독립을 확실하게 하는 것이니, 이천만 민족이 사람마다 마음 속에 칼을 품고 인류의 공통성과 시대 양심이 정의의 군대와 인도의 무기로써 지켜주고 도와주는 오늘, 우리들은 나아가 가지매, 아무리 강하다 한들 꺾지 못하랴. 물러가 행동하매 어떠한 뜻도 펼치지 못하랴.

고난을 극복하기 위하여 모두 함께 나아갈 것을 강조하였다. 기독교 신앙을 통하여 민족에게 희망을 주며 특별히 위기 속에서 기도와 말씀을 강조하였다. 또한 고통 중에 있는 사람들을 돌아보는 사랑의 실천이 중요한 위기 극복방안이었다. 이런 난국에서도 길선주 목사와 같은 인물들은 민족의 해방을 위하여 집회마다 기도하였다.

당시에 많은 그리스도인이 독립운동을 하면서 국민의 높은 평가를 받게 되었다. 점점 젊은이들이 교회로 왔다. 물론 자신들의 생각과 달라서 떠난 사람도 많았다.[109] 그러나 3·1운동 후인 1920년에서 1924년까지 기독교인의 수가 급증하였다. 이것은 그리스도인들이 독립에 적극 참여하여 교회에 대한 인식이 새로워졌기 때문이라고 평가된다.[110] 일본 정부는 교회를 정치적인 단체로 보고 3·1독립만세 운동과 관련된 교회 지도자를 강하게 탄압하였다.[111] 비록 민족의 고난에 참여하여 교회는 탄압을 받았지만 기도와 말씀에 의한 신앙을 통하여 어려움을 극복해가는 기독교 미래를 보여주었다.

역병 시대에 고난을 극복한 변혁자로서 칼빈

칼빈은 고난 속에 있는 성도들의 삶의 현장에 함께하며 사회의 변혁을 위해 실제적 실천을 이루었다. 칼빈은 역병이 사람들을 고난 속에 함몰시킬 때 그들의 고통에 동참하였다. 칼빈은 고난을 극복하기 위하여 최선을 다해 사회 변혁을 추구했다. 우리는 칼빈을 통하여 고난 속에서 지혜를 얻을 수 있을 것이다.

첫째, 기도를 통하여 고난에 동참하는 것이다. 1533년 8월 칼빈은 성직을 유지하기 위해 고향 누아용(Noyon)에 잠시 머물면서 가톨릭교회에서 역병 저지를 위해 개최한 기도회에 참석했다. 물론 기도를 했다고 해서 하나님은 역병을 사라지게 하지는 않았다. 그럼에도 불구하고 인간은 하나님 앞에 나아가야 하며 이 일을 위하여 기도해야 한다. 기도를 통하여 인간은 자신의 죄인임을 깨닫고 겸손히 자신을 돌아보며 하나님을 의지하면서 그분의 섭리의 뜻을 살필 수 있는 것이다. 안교성은 일제 치하 큰 피해를 보았지만 그 고난을 기도와 말씀으로 극복하였다고 평가한다.112 이만열도 고난 중에 한국 기독교인들이 기도, 금식, 성경 읽기를 했던 신앙 운동이 기독교가 민족의 아픔과 함께 한다는 것을 보여주는 것이라고 말하였다.113

둘째, 말씀을 바르게 해석하고 실천하는 삶을 살아야 한다. 종교개혁은 사실상 말씀에 대한 올바른 해석에서 탄생하였다. 인문주의자 에라스무스(D. Erasmus)의 역사적-문법적 해석 방법은 루터와 칼빈에게 성경을 성경으로 해석하고(scriptura sui ipsius interpres) 역사적이며 문법적 관점에서 보게 하였다. 헤르만 바빙크(H. Bavinck)의 말처럼 이것이 부패한 중세의 로마가톨릭교회를 개혁할 수 있는 무기가 되었다. 올바르게 성경을 해석할 때 교회를 든든하게 세워 이단도 물리치고 사회와 역사를 주도하는 힘을 가지게 된다. 우리의 선조들은 어려울수록 더욱 교회에서 모여 성경 읽기에 힘을 다하였다. 성경을 통해서 시대를 향한 하나님의 뜻을 분명하게 깨닫는 지혜를 얻게 된다. 코로나19로 인해 신천지가 세상에 드러났다. 그들의 잘못된 성경해석과 무서운 조직력 그리고 부패상이 온 사회에 알려지게 되었다. 이런 시기에 한국교회는 더욱 성경을 바르게 해석하는 일과 그 말씀대로 실천하는 일에 힘을 써야 할 것이다.

셋째, 아픈 자들을 위로해야 한다. 칼빈이 역병으로 떨어진 아내를 걱정하였다. 비레에게 보낸 편지에서 칼빈은 깊은 슬픔과 우울함을 토로하였다. 아내를 위해 아무것도 할 수 없던 칼빈은 역병의 여파로 고통의 날을 보냈다. 그럼에도 칼빈은 낙담하지 않았다. 칼빈은 슬픔을 당한 가족들을 위로하고 격려하였다. 하나님이 인간의 삶을 인도하시는 것이 분명하기에 선한 목적으로 이런 일들을 의도하셨다고 말하며 그들을 위로하였다.[114] 칼빈은 하나님의 섭리의 관점에서 사람들을 돌보며 위로하였고 그들이 하나님의 나라를 바라보도록 하였다. 믿음을 가지고 천국을 소망하도록 도왔다.

넷째, 이웃 사랑을 실천하는 사회적 경제적 책임에 앞장서야 한다. 칼빈은 병든 자들을 전문적으로 돌보고 양질의 교육 여건을 만들어서 사회적 책임에 더욱 증진하였다. 비록 역병의 공포로 삶은 위협을 느꼈음에도 칼빈은 병원 사역과 교육 사역과 같은 하나님 나라의 확장을 위한 일에 최선을 다하였다. 사역을 통해 칼빈의 세계관이 현실에서 구체적으로 나타나는 것을 볼 수 있다. 칼빈도 루터처럼 병든 자를 위한 철저한 돌봄을 실천하였다. 역병을 두려워하지 않고 병자들을 날마다 심방하며, 기도하고, 더욱더 소중히 여기며 사랑하였다. 하나님의 뜻을 따라 자신의 의무와 이웃을 돌보는 삶에 최선을 다하였다. 그는 어려운 자들에게는 경제적 도움을 주었다. 칼빈은 가까운 이들이 역병으로 사망하며 죽음에 문제에 부딪치게 되었다. 하지만 그는 죽음 앞에 굴복하지 않고 도전하며 극복하였다. 1538년 칼빈은 자신과 가까운 지인 세 명의 죽음을 겪게 되었다. 코톨드(Courtauld)와 사촌이자 개혁 동지인 피에르 로베르 올리베탕(Pierre Robert Olivétan) 그리고 파렐의 조카였다. 칼빈은 바젤에서 역병에 걸린 파렐의 조카의 장례를 치르고 비용을 지불하기 위해 아끼는 책 몇 권을 팔기까지 경제적 도움을 주었다.[115]

다섯째, 사회의 여러 기관을 돕는 구체적인 실천 방안을 모색해야 한다. 칼빈은 프랑스 구호기금을 받아서 제네바의 종합구빈원을 후원하였다.[116] 그곳은 과부, 고아, 노인, 나그네의 안식처뿐만 아니라 병자들의 치유센터 역할을 하였다. 당시 제네바는 인구 1만 명이 밀집한 도시로 시내에서 가축이 도살되고 쓰레기가 버려지는 등 불결한 주거환경이었다. 역병이 퍼지면서 시민들의 건강을 위한 치료 등 시급한 상황들이 발생했다. 1542년부터 지속적인 피난민의 증가로 인해 의료 시설의 확장 및 봉사가 사회적으로 요청되었다. 칼빈은 의료서비스 제공에 중요한 역할을 하였다. 의사들에 대한 급료를 제네바 시가 담당하게 하였고 가난하고 병든 자들을 돌보는 것은 교회와 국가의 공동 관심사가 되어야 한다고 주장하였다. 국가만이 아닌 교회도 적극적으로 나서야 한다고 말하였다. 만약 전염병이 발생하면 성곽 서편에 구빈원을 따로 운영하여 치료하기도 하였다. 칼빈은 의료서비스 사역을 지속적 업무가 되도록 제네바 시와 협력하여 제도화시켰다.[117] 칼빈은 교회와 국가의 협력을 끌어내었다.

IV.
고난 받는 민족과 함께하는 교회

칼빈의 삶은 질병으로 인한 아픔과 고통의 생애였다. 그가 10살 때 역병이 한 차례 휩쓸었고, 자신의 9년의 결혼 생활 중에 자녀들이 병으로 모두 죽었으며, 그가 사랑했던 지인들도 역병으로 많이 세상을 등져야 했다. 그의 아내도 병으로 죽었으며 칼빈 역시 열병, 담석, 통풍, 치질, 폐병, 위궤양, 장염, 편두통과 같은 여러 병을 가지고 있어서 종합병동이라는 별명까지 가졌다.

그러나 그는 질병의 고난 속에서도 이웃을 돌보며 하나님의 뜻을 실현하는 데 최선을 다하였다. 칼빈은 질병으로 인한 고난에 좌절하지 않고 오히려 병은 진정한 그리스도 학교의 학생이 되게 한다고 보았다. 아픔과 고난을 그리스도를 통하여 성화의 기회로 삼았다. 인간은 죄성과 교만으로 가득하지만 고난의 훈련으로 유익을 얻으며 하나님의 도구로 사용되는 하나님의 사람이 된다고 보았다. 따라서 역병을 통하여 인간은 자신의 죄를 회개하고 하나님께 기도하며 하나님의 뜻을 살피도록 나아가야 한다고 주장했다.

그는 스트라스부르그에서 충격적인 역병의 폭풍으로 죽음의 공포에 조금 눌렸었다. 하지만 제네바에 온 후에는 두려워하지 않고 병자를 돌보는 사회적 의무와 봉사를 강조하였다. 슬픔을 당한 자들에 대한 위로와 병든 자들을 위하여 병원의 역할을 중요시하였으며 타인의 고난과 슬픔을 함께하며 그들의 생명과 생존을 위하여 최선을 다하였다. 칼빈은 슬픔과 죽음을 주는 역병의 태풍 속에서도 죽음 이후 영생의 소망을 갖는 종말론적 세계관을 제시하며 성도들을 위로하였다. 모든 일에 하나님의 섭리를 알고 살아가는 복된 인생을 가르친 것이다.

칼빈이 역병을 통하여 우리에게 준 교훈은 창조주 하나님 앞에서 인간의 회개와 겸손을 강조했으며 역사 속에서 사는 성도들에게는 하늘의 영원한 소망을 가지고 현실 속에서 헌신과 사랑과 돌봄을 통하여 하나님의 뜻을 이루어 가는 모습을 보여준 것이다. 칼빈의 모습은 오늘날 신종 코로나19가 온 세상으로 퍼진 상황 속에서 그리스도인들이 하나님에 대한 경외심과 세상에 대한 진정한 사랑과 책임 그리고 하나님의 뜻을 따르는 지혜를 가르쳐 준다.

한국교회는 말씀으로 돌아가, 말씀을 존중하고, 말씀을 바르게 해석해야 한다. 하나님의 말씀 없이는 한국교회는 무너지고 말 것이다. 이원론과 물질주의에 사로잡힌 성도들이 하나님의 말씀을 존중하고 바르게 이해하며 그 말씀에 근거하여 살아간다면 한국교회는 새롭게 세워질 것이다. 그리스도인들은 "간절한 마음으로 말씀을 받고 이것이 그런한가 하여 날마다 성경을 상고"(행 17:11)할 때에 사랑하는 그곳에서 희망을 볼 것이다. 또한 말씀에 근거한 올바른 세계관과 올바른 문화관을 연구하여 보급해야 할 것이다. 이런 배움이 이루어진다면 한국교회는 굳건한 반석 위에 세워질 것이다. 이는 주님이 바라는 한국교회의 미래이다.

또한 성도는 주님의 계명에 순종하여 이웃을 내 몸처럼 사랑해야 한다. 이것이 주님을 기쁘시게 하는 일이며 어려운 한국교회를 새롭게 세워주며 우리의 정체성을 증거하는 표지가 될 것이다. 희생과 사랑과 사회적 책임을 아름답게 실천하여 한국교회가 다시 한 번 새롭게 변화되어 칭찬받는 주님의 교회로 거듭나기를 기대한다.

3·1운동의 정신을 돌아보면서 진정한 기독교적 가치와 교훈이 무엇인지를 통찰하는 기회를 가져야 한다. 그것은 바로 고난받는 민

족과 함께하는 기독교인의 희생적이며 순교적인 십자가 정신이었다. 학교도 폐교되고, 감옥에 갇히며, 토지도 빼앗기고, 몸도 빼앗겼지만, 백성과 동행했던 기독교인들의 모습은 이웃 사랑의 실천을 분명하게 보여주는 것이다. 이것은 한국 기독교의 공적인 사회적 사랑을 공동체가 희생적이며 순교적으로 실천한 것이다. 하나님과 이웃을 사랑하고 하나님의 형상을 가진 존재로서 인류에 대한 정당한 권리와 자유 그리고 평등과 평화를 추구해야 할 의무로서의 교훈을 얻었다. 한국교회는 팬데믹으로 인한 이웃과 인류의 고통에 적극적으로 참여하여 이웃들에게 사랑의 실천을 보여주어야 할 시기에 있다. 이는 바로 한국교회가 복음의 메시지를 삶의 현장에서 감당해야 할 중요한 사명임을 보여주는 것이다.

초기 한국교회의 전염병 위기에 대한 대처

이은선(안양대학교 교회사 교수)

I.
급작스러운 바람 앞에서

2020년 1월 세상에 코로나19가 알려진 후 우리의 일상의 삶은 상당히 많이 바뀌었다. 코로나 이전 시대와 이후 시대를 구분할 정도로 코로나19는 개인의 삶뿐만 아니라 교회의 예배 모습, 더 나아가 학교의 수업 형태도 완전히 바꾸어 놓았다. 코로나19는 여전히 강력하고 빠른 전염성으로 전 세계적인 2차 대유행의 조짐까지 보인다. 전 세계가 백신과 치료제를 개발하려고 노력하고 있지만, 아직까지 사용 가능한 결과물이 나오지 못하는 안타까운 현실이다.

그리고 코로나19로 한국교회는 기존의 대면 예배에서 갑작스러운 비대면 예배로의 전환으로 많은 혼란을 겪었다. 한국교회는 십계

　　　　　　　　　　　　3·1운동정신과 코로나극복

명 가운데 "안식일을 기억하여 거룩하게 지키라."는 4계명을 준수하여 대면 예배를 계속하려고 하였고, 정부는 교회에서 집단감염이 발생한다고 행정력을 동원하여 비대면 예배를 강요하면서 많은 갈등이 발생하였다. 이런 갈등은 교회를 다니지 않는 일반인들의 눈에는 교회가 자신들의 신앙만을 고집하는 이기적인 집단으로 비추어지면서 교회에 대한 대사회적인 인식이 나빠질 우려도 적지 않게 했다.

이러한 상황에서 우리나라에 복음이 전파되어 뿌리를 내리던 초기 한국교회는 전염병의 위기에 어떻게 대처했는지를 살펴보면서 한국교회가 전염병의 위기를 극복해 나가는 지혜를 얻고자 하는 기대와 소망을 가져 본다. 초기 전염병을 극복하는 데서 중요한 역할을 했던 에이비슨 선교사와 스코필드 선교사, 한센병 치료에 헌신한 최흥종 목사 등의 활동을 살펴보고자 한다. 그리고 3·1운동에 참여했던 이 세 분의 나라 사랑의 정신을 함께 고찰해 보고자 한다.

II.
에이비슨(Oliver R. Avison) 선교사의
콜레라 치료와 3·1운동에서의 역할

에이비슨 선교사의 콜레라 치료

에이비슨 선교사는 토론토 의과대학 교수로 있던 1892년 9월에 선교 모임에서 만난 언더우드의 권유를 받고 한국선교를 결심하여

1893년 8월에 서울에 도착하였다. 그는 1894년에 제중원 원장이 되었으며, 6개월간 정부와 협상을 하여 9월에 제중원을 북장로교 선교부로 이관하였다.

이 무렵에 대한제국에 콜레라가 창궐하였다. 당시 조선에서 콜레라는 '호열랄'(虎列剌)이라고 불렀다. 1895년 청일전쟁이 끝난 후인 음력 5월 초에 콜레라 발생이 보고되기 시작하였다. 의주에서는 6월 12일 관보에 따르면 5일부터 9일까지의 사망자가 484명이고, 당시까지의 합계가 4,639명이었다. 평양 501명, 원산 189명 등이 보고되었다. 6월 26일자 관보는 '한성남문 내 호열랄 사망자가 52인'이라고 보고했다. 이같이 콜레라가 전국으로 확산되어 가고 있을 때, 일반인들은 콜레라 전염병을 귀신이 일으킨다고 믿고 있었다. 쥐가 콜레라를 전염시키는 사실을 안 뒤에는 쥐를 콜레라 귀신으로 믿어서 쥐를 잡아먹는 고양이 부적을 집에 붙여 놓고 있었다.

에이비슨을 비롯한 선교사들은 콜레라는 귀신이 일으키는 것이 아니라 세균이 일으킨다는 과학적인 사실들을 교육하면서 손을 씻고 음식물을 완전히 끓여 먹도록 하여 전염병에 대비하도록 하였다. 정부는 에이비슨 의사를 정부의 콜레라 병원 책임자로 임명했다. 많은 외국인 의사들과 선교사들이 자원해서 콜레라를 퇴치하는 일에 협력하였으며 전염병에 의한 희생자를 줄이기 위해 위생 규정을 제정하고 시행하였다. 당시 선교사 의료진은 병원과 보호시설에서 2,000명 이상을 검진했다. 에이비슨 의사와 동료들은 아래와 같은 문구로 시작하는 커다란 포고문을 만들었다.

호열랄병은 귀신이 일으키는 것이 아니다. 호열랄병은 미균이라고 부르는 아주 작은 벌레가 일으킨다. 이 작은 벌레가 위 속에 들어가면 급속히 번식하여 질병이 유발된다. 조심하면 호열랄병에 걸리지 않을 수 있다. 해야 할 일은 음식물을 완전히 익혀서 미균을 죽이고, 음식이 다시 오염되기 전에 먹는 것이다. 막 끓여낸 숭늉을 마셔야 한다. 마실 물은 끓여서 깨끗한 병에 보관하라. 부지불식 간에 병균과 접촉하게 되니 손과 입을 철저히 씻어라. 이상을 주의하면 호열랄병에 걸리지 않을 것이다.*118*

　그 해 조선정부는 5월 14일에 '호열랄병 예방규칙'을 발표했는데, "호열랄병 유행의 때는 우물과 하천 및 화장실과 하수구 등 병원균 발생의 원인이 됨직한 장소에 주의하여 깨끗이 청소하는 법을 시행"하도록 하고 지방 장관이 모임을 금지할 수 있도록 하였다.*119* 6월 4일에 중앙과 지방에 전염병이 크게 발생하여, 다시 '호열랄 소독규칙'과 '호열랄 예방 및 소독집행규정'을 공포하였다. 이같이 1895년에 콜레라 예방규칙을 발표하고 그 후에 소독규칙을 발표하는 데 크게 이바지하였다. 에이비슨을 비롯한 선교사들은 전염병이 귀신에 의한 것이 아니라 세균에 의한 것이라는 과학적인 사실을 알리고 환자들을 치료하여 국가로부터 인정을 받았으며 더 나아가 복음을 전파하는 데 중요한 역할을 하였다.

　그 후 1904년에 에이비슨은 세브란스의 후원을 받아 세브란스 병원을 지었는데, 한 건물은 일반 병동이었고, 또 하나의 병동은 전염병 전문병원으로[120] 우리나라의 전염병 퇴치에 기여하였다. 1906년 4월 28일 오랫동안 주재한 공로를 인정받은 에이비슨은 언더우드와 함께 4등의 서훈과 함께 태극장을 받았다.[121]

에이비슨 선교사의 3·1운동에서의 역할과 친한회 활동

에이비슨은 세브란스 병원의 이갑성과 학생들이 3·1운동에 참여하자 학생들을 보호하기 위해 적극적으로 노력하였다. 3·1운동이 일어난 후에 일본은 선교사들이 한국인들의 독립운동을 뒤에서 사주한다고 비난하면서 한편으로 선교사들을 회유하여 그들이 한국교회에 영향력을 미쳐 독립운동을 중단시키고자 하였다. 3월 9일 총독부 내무장관 우사미가 한국선교사들을 만나 3·1운동에 관한 대화를 나누었는데, 에이비슨은 우사미에게 두 민족 간의 독특한 민족적인 다른 점에 대한 충분한 배려, 한국어 교육의 특권 등의 8가지 항목을 제시하며 이러한 청원을 들어줄 의향이 있는지 물었다. 우사미는 외견상으로 들어줄 의향이 있다고 대답하였다.[122] 에이비슨은 일본 동경에 있다 본국으로 귀국하려는 캐나다 장로회 해외선교부 총무인 암스트롱(A. E. Amstrong)을 서울로 초청하여 3·1운동의 실상을 보여주며 미국과 캐나다에 알리도록 하였다. 암스트롱은 귀국하자마자 약속대로 4월 5일 자로「한국 독립 봉기(3·1운동)에 대한 비망록」을 미국의 장로회와 감리회를 비롯한 각 교단 해외선교부와 교회 지도자들에게 보내 대책을 마련하도록 했다. 그 후에 3월 말까지 다섯 차례 선교사

대표자들과 총독부 관리들이 만나 3·1운동에 대한 의견을 교환했다. 이 과정에서 에이비슨은 일본이 한국인들에 대한 언론, 출판, 집회의 자유를 인정할 것과 함께 학생들이 폭동에 가담하지 않았는데도 처벌하는 것은 부당하다고 지적하였다.[123] 4월 10일에는 부상 당해 세브란스 병원에 입원해 있는 환자들을 취조의 명목으로 이송해 가려는 경찰에 반대하며 병원에서 취조하라고 요구하여 관철시켰다. 4월 14일에는 자신이 교장으로 겸직하고 있던 연희전문학교에 대한 수색에 대해 불법적인 수색이라고 항의하였다. 그는 9월 29일에 10여 명의 선교사 대표들과 모여 "선교사가 일본 관헌으로부터 의심을 받게 되면 그 여파는 곧바로 조선인 교도에게 전화(轉化)되므로 표면으로 당국과 친선을 가장할 것" 등의 내용을 결정하였다. 그는 당시에 한국의 대표적인 교육기관인 의학전문학교와 연희전문학교, 세브란스 병원의 책임자로서 한국인들을 보호하며 피해가 가지 않도록 노력하면서 의료선교사로의 사명을 감당하였다.

에이비슨은 1935년 75세의 나이로 본국(미국)으로 귀국하였다. 노령의 나이에도 에이비슨은 1942년 10월 미국에서 이승만이 '기독교인친한회'(Christian Friends of Korea)를 조직할 때 가장 적극적으로 활동하였으며 기독교인친한회의 서기 겸 재무를 담당하였다. 기독교인친한회는 한국에서 선교사로 활동했던 인물들을 중심으로 이승만이 조직했던 독립운동 단체이다. 에이비슨은 선교사들이 제2차 대전이 끝난 후에 한국에 돌아가 선교활동을 하려고 한다면, 이승만 박사와 함께 한국의 독립을 위해서 일본과 싸워야 하며, 특히 임시정부승인 운동을 적극적으로 도와야 한다고 주장하였다. 에이비슨이 주도하던 기독교인친한회는 한미협회나 주미 외교위원부와 함께 미국 상하원 의원들에게 임시정부승인을 위한 대대적인 청원서를 보냈고, 1943년 봄에 미국 하원과 상원에서 한국임시정부승인을 위한 결의안에 제출되었으나, 영국과 소련 같은 연합국들의 입장을 고려하여 통과되지는 못하였다.[124] 그렇지만 임시정부 승인안이 미국상하원에 제출된 것만으로도 큰 성과였다. 에이비슨은 이러한 활동의 결과로 대한민국 정부에서 독립유공자로 인정 포상을 받았다.

III.
세균학 박사 스코필드의
전염병 치료활동과 3·1운동 지원

스코필드 박사의 스페인 독감 연구

스코필드(Frank W. Scofield)는 1916년 봄에 세브란스 의학전문학교 교장이었던 올리버 에이비슨으로부터 한국으로 와 달라는 권유 서신을 받았다. 스코필드 박사는 그 해 11월에 아내와 함께 한국으로 와 세브란스 의학전문학교에서 세균학과 위생학을 강의했다. 그는 당시 세브란스 의학교의 2학년 학생들에게 세균학 강의를 통해 세균을 배양하고 동정하는 미생물학의 기본적인 실험법과 전염병의 백신과 혈청을 만드는 기술을 교육하였다.[125]

1918년에 전 세계를 휩쓸었던 인플루엔자는 우리나라에서도 대유행하여 일제의 무단통치로 힘든 삶을 살아가던 국민들에게 감당하기 어려운 고통을 주었다. 세브란스 의학교에는 이미 1914년부터 연구부가 설치되어 있었으므로, 스코필드 박사는 당시 전 세계적으로 유행하던 '스페인 독감'을 연구할 수 있는 연구비를 배당받았다. 분명한 자료가 남아 있지는 않지만 국내에서도 독감의 피해가 상당했기 때문에 연구비를 받아 연구를 수행했을 것이다. 연구 결과는 미국과 중국의 저널에 각각 게재되었다. 그는 세균학 교수로서 1918년에 유행한 인플루엔자에 관심을 가져 환자들에 임상의 증거를 관찰하고 환자의 가검물에서 원인체를 찾아내고, 혈청학적 검사와 동물 접종을 시행하는 등의 일련의 연구기록을 바탕으로 "Pandemic Influenza In Korea with Special References to Its Etiology"라는 논문을 「미국의학회지」(Journal of American Medical Association)에 발표하였다.126

당시까지 콜레라를 비롯한 세균에 의한 질병 치료법은 알려져 있었지만, 인플루엔자 즉 바이러스에 의한 질병 발생은 알려지지 않았다. 스코필드 박사의 연구도 코흐의 세균설에 입각한 연구수준이었다. 바이러스에 의한 치료법은 1931년 이후에야 밝혀졌다. 그는 이 논문에서 인플루엔자에 대해 백신을 만들어 접종했으며, 백신 접종이 인플루엔자 감염을 예방하거나 약하게 발현하도록 직접적인 도움을 주었다고 기록하고 있다.

스코필드 박사의 3·1운동에서의 활동

　스코필드는 세균과 위생학 담당 교수로 학생들을 가르치면서 한국의 독립에 깊은 관심을 보였다. 3·1운동이 일어날 때 세브란스 학생 대표가 그에게 독립선언서 한 장을 주면서 백악관에 보내 달라고 요청하기도 하였다.[127] 3월 1일 오전에는 이갑성이 오후 2시에 파고다 공원에 와서 시위현장 사진을 찍어달라고 부탁하여 그곳에 가서 사진을 찍기도 하였다. 3월 5일에도 학생들의 시위현장을 연합통신(AP)의 테일러(A. W. Taylor) 기자와 함께 취재하였다.[128] 4월 초부터는 학생들의 피해 현장을 다니며 취재하였다. 서대문형무소를 직접 찾아 여자감방 8호실에 수감 중이던 노경순(당시 세브란스 병원 간호사)과 함께 유관순과 어윤희 등을 만나 위로했다. 그는 일본이 3·1운동의 진실을 왜곡하자 국내 유일한 영자신문이자 반관영 신문이기도 한 「서울프레스」(The Seoul Press) 4월 13일 기사에 '한 외국인 친구'라는 필명으로 "국민 행복이 성공적인 정부의 참된 척도이다."라는 내용을 게재하여 한국인의 정신적 고통을 물질적인 측면을 근거로 자신들의 통치 정당성을 주장하는 일본의 입장을 반박하였다.[129] 어느 한 기자가 서대문형무소를 방문하고 감옥이 아닌 요양소 혹은 기술학교로 묘사하자 스코필드는 이에 항의하여 "깊이 뿌리박힌 부당한 의심"이란 글을 기고하고 그곳에서 벌어지는 고문의 참상을 사실적으로 묘사하여 반박하였다. 그는 제암리 사건을 전해 듣고 나서 4월 초에 일어난 수촌리 학살현장과 4월 15일의 제암리·고주리 학살사건 현장을 사진을 찍어 바로 "제암리의 대학살"이라는 제목으로 상해에서 발행되는 「상하이 가제트」(The Shanghai Gazette)에 게재하여 전 세계의 이목을 끌었다. "수촌리 잔학상 보고서"(Report of the Su-chon Atrocities)는 미국 장로교 잡지인 「프레스비테리언 위트니스」(Presbyterian Witness)에 1919년 7월 26일에 게재되었다.

고문과 학대를 당한 한국인들의 진술과 부상자와 사망자 통계를 모아 미국 기독교 연합회(U. S. Christian Coalition)로 전달하였고 그 내용이 1919년 7월 『한국의 상황(The Korean Situation)』이란 단행본으로 출간되었다. 스코필드는 1919년 7월 1일부터 1920년 4월 10일까지 일본 도쿄에서 발행되던 영자신문 「재팬 애드버타이저(The Japan Advertiser)」에 일본의 한국 정책에 대해 비판하는 9개의 글을 게재하였다. 그는 이 기고문에서 일본의 가혹한 통치 때문에 한국에서의 개혁이 실패한다는 것을 지적하였고 일본의 통치를 지지하는 프랭크 헤론 스미스(Frank Heron Smith) 목사의 글을 반박하기도 하였다.[130] 1919년 11월 경에는 300여 쪽에 이르는 3·1운동 관련 자료집을 완성하여, 처음에는 『굴하지 않는 한국(Korea Unconquered)』이라는 제목을 붙였다가 후에는 『꺼지지 않는 불꽃(The Unquenchable Fire)』으로 바꾸어 출판을 준비하였으나 실현되지는 못하였다.[131]

1919년 9월에 일본 도쿄에서 열린 〈극동지구 파견 기독교 선교사 전체회의〉에 참가한 800여 명의 선교사들 앞에서 스코필드는 조선총독부와 일본 군경의 만행을 보고하여 일제가 감시하는 대상 인물로 떠올랐다. 그는 결국 1920년 4월 1일 캐나다 장로교 선교부와의 근무 계약 만료로 캐나다로 귀국하였다. 그는 대한민국 정부로부

터 1968년 독립운동에 이바지한 공로를 인정받아 건국훈장 독립장
을 받았다.

III.
최흥종 목사의 한센병 환자 치료와
3·1운동에 참여

포사이스에 감동받아 한센병 치료에 가담한 최흥종

최흥종은 한국에서 한센병 치료에 초기부터 참여했던 인물이다.
그는 1909년 봄, 포사이스 선교사가 나주에서 광주로 오던 도중에서
만난 한센병이 심한 여자 환자를 나귀에 태워 오던 장면에서 인생의
전환을 맞이하였다. 포사이스 선교사가 나귀에서 그녀를 내릴 때 마
침 최흥종은 윌슨(Wilson) 선교사에게 한글을 가르쳐주는 일을 마치고
나오던 참이었다. 그는 그 당시를 50년 후에 "50년간의 구라사업"에
서 다음과 같이 회고하고 있다.

단기 4241년-서기 1908년[132] 초하 경의 일입니다. 광주 양림동에
있는 미국선교회의 윌슨 선교사가 있었었는데 이 사람으로 말하
면 나와 친근한 사람이었습니다. 나는 그에게 우리말을 가르쳤고
그는 나에게 의료기술을 가르쳐 주던 터라. 그날도 윌슨 의사에게
우리말을 가르치고 정오쯤 귀가하려 나오는 도중에 차마 볼 수 없

는 극흉한 나환자를 나귀 위에 태우고 와서 나려놓고 그 환자의 겨드랑이를 부액하고 오는 서양인과 마주치게 되었습니다. 보니 역사 잘 아는 포싸이트 의사여서 한편 놀라면서 "포의사 오십니까?"하고 인사한 즉 "예 편안하시오." 다정스런 답례를 하였는데 그 때 마침 그 중환자가 오른 손에 들고 있는 참대지팡이를 떨어뜨렸습니다. 그러자 포의사가 다시 날 보고 "형님 저 지팡이를 좀 집어 주시오."하는 것이었습니다.

하지만 나는 집어주는 것을 주저하였습니다. 지팡이에는 피고름인가 핏물인가 더러운 물이 묻어 있었고 환자를 살펴본즉 흡사 썩은 송장이요 다 없어지고 두 가락 밖에 남지 않은 손가락은 그나마도 헐어서 목불인견이었고 또 한 가지 까닭은 그 때만 하여도 나환자의 수효는 희소하였으나 보이는 환자마다 이렇듯 극으로 흉스러워 나환자에 대한 증오가 대단했던 때였기 때문입니다.

그러나 다음 순간 뜨거운 감동이 내 마음을 뒤흔들어 땅에 떨어진 지팡이를 주어서 환자에게 쥐어주었던 것입니다. 그 당시 교회 집사직으로 있으면서 제법 믿는다고 하는 나였었는데, 사랑이라는 진미를 못 깨닫고 포의사의 그와 같은 애적 행동을 보고서야 비로소 깨달은 것이었습니다.[133]

최흥종은 당시 29세였는데, 포사이스 선교사의 한센병 환자에 대한 참다운 사랑의 행동을 보고 감동을 하여 한센병 환자 치료에 가담하게 되었다. 최흥종만이 아니라 윌슨 선교사도 자신이 원장으로 있던 광주 제중원 내에 한센병 진료소를 설치하고 그들을 치료하기 시작하였다. 처음에 한센병 환자들을 벽돌 가마에 임시 거처하게 하였으나, 선교사들이 자체적으로 모금을 하여 선교 진료소 뒤쪽에 3칸의 기와집을 지어서 나환자 6~7명을 수용하여 치료하였다. 최흥종은 포사이스 선교사의 조력자로 한센병 치료에 대한 기본적인 훈련을 받고 그를 도왔을 뿐만 아니라 이 시설의 책임자가 되어 나환자들을 돌보아왔다. 그리고 1912년, 광주에서 윌슨 선교사를 도왔던 서서평(Elizabeth J. Shepping) 선교사를 만나 함께 한센병 환자들을 위해 사역하게 되었다. 그는 1912년에 북문안교회의 초대 장로로 임직을 받았다. 윌슨은 한센병 환자들을 위한 시설을 확충하기 위해 영국과 미국에 있는 나환자단체에게 후원을 요청하였는데, 영국에 있던 '인도와 동양 구라선교회(Mission to Lepers in India and the East)'에서 5천 불을 기증받았다. 그가 건물을 지을 터를 구할 때, 최흥종이 봉선리에 있는 자신의 밭 1,000평을 기증하였다. 윌슨은 그 땅 1,000평에 덧붙여 더 넓은 대지를 마련하여 45명의 환자를 수용할 수 있는 치료시설과 거주시설을 1912년 11월 15일에 완공하여 22명을 수용하였다. 그는 윌슨 의사의 조수로서 일하면서 동시에 봉선리 한센병 집단 치료소의 한국인 책자로 환자들을 돌보아왔다.[134] 입주하던 날의 상황에 대해 윌슨은 남장로교 선교본부에 자세하게 보고하고 있다.

오후 3시에 선교사들과 현지인 기독교인들이 모여서 찬송을 부르고 진실한 감사의 기도를 드렸다. 성경을 읽고, 세 차례의 짧은

　　　　　　　　　　3·1운동정신과 코로나극복

축사가 있고, 나환자들이 '주께로 옵니다'를 찬송하였다. … 건물은 "E"자 형태로서 한쪽에는 남자 반, 다른 한쪽은 여자 반, 그리고 중앙에는 진료실과 교회가 있다. … 우리는 지역교회의 장로이며 지나간 4년 동안 병원에서 나의 정규적인 조수로 지냈던 최선생(최흥종)을 책임자로 가지게 되어 매우 다행이며, 그는 이 일에 매우 적임자다. 그는 한센병에 특히 관심을 가지고 있으며, 어디엔가 가서 이 질병을 공부하려 하지만, 실제적으로 이루어지지 않았다. 그는 다양한 약을 실험할 수 있는 기회를 가지고 있다. … 최선생은 26명의 환자들에게 피하주사를 실시하였다고 한다. 우리는 환자들에게 새로운 약을 실험하는 중이다. 우리가 사용하는 약은 큰 효과가 있으며 많은 사람들이 전적으로 좋아졌다고 한다.[135]

이와 같이 최흥종은 윌슨을 도우면서 한센병을 공부하여 그들을 치료하고자 하였으나, 당시에는 학업의 길이 열릴 수 없었다. 다만 윌슨에게서 기본적인 의학 지식을 배워 한센병 환자들의 치료를 조력하면서 그들을 영적으로 돌보고 있었다. 이 후 1913년 말에는 22명의 환자가 늘어나 45명이 되어 병원이 가득 차게 되었다. 당시 영국의 한센병 선교협회의 총무 베일리 부부가 이 병원을 방문하였다. 이들 부부는 이 날 방문에서 33명의 한센병 환자들이 학습교인으로 문답하는 것을 목격하면서 은혜를 받았다. 그들은 병원의 규모를 45명에서 100명으로 확장하기로 합의하였다. 최흥종은 한센병 환자들을 돌보는 가운데 1914년 8월에 평양신학교에 입학하였다.

윌슨은 1915년에 "광주 병원은 만원이다. 그리고 이 지긋지긋한 전쟁이 끝나는 대로 병원을 확장시켜 입원을 기다리는 사람을 수용할 수 있기를 바란다. 입원한 사람은 거의 다 기독교인이 된다."고 하였다.[136] 「기독신보」 기사에 따르면 시설 확장이 이루어져 1916년에는 122명의 환자가 입원하였으며, 이들에게 매월 4원가량을 쓰기 때문에 경비가 6~7백 원이 들어가고 있었다. 그런데도 시설이 부족한 상황이었다. 목포에 거주하던 마틴 부인이 4천 원을 기부하여 병원 시설을 확장하여 몇십 명의 환자를 더 수용할 계획을 하고 있었다. 그는 평양신학교에 다니면서도 광주 제중병원에서 나환자들을 돌보고 있었다. "조선 형제로 이 병원에 다니며 치료시키는 이는 최장로 흥종씨라."[137] 이 때 최흥종이 병원의 사무원직을 그만 두었는지, 아니면 사무원으로 일하는지에 대해서는 의견이 갈린다. 여기서의 진료 기록에 대해 차종순은 최흥종 장로가 평양신학교에 입학하면서 "광주한센 병원을 사임하고 어린이 전도를 위해 일했지만, 그래도 정기적으로 한센 병원에 다니면서 진료에 전념하였다는 사실을 알 수 있다."고 하였다.[138] 그렇지만 한규무는 최흥종이 여전히 한센병원 사무원으로 일하고 있다고 보았다.[139] 당시에 평양신학교가 공부하는 기간이 3개월이었기 때문에, 나머지 기간은 사무원으로 일하면서 한센병 환자들을 돌보았을 가능성이 커 보인다. 문순태는 오히려 "첫해에 3개월의 합숙을 끝내고 돌아오자 윌슨은 나환자촌 운영 외에, 선교부에서 주관하고 있는 주일학교까지 맡도록 권했다."라고 하면서 윌슨과 함께 확장주일학교를 하였다고 하였다.[140]

3·1운동정신과 코로나극복

이때 한센병원에 부속된 교회가 있었는데, 점차 봉선리교회로 불리었다. 1916년에 신자 120여 명이 있었는데 그 가운데에 20명이 세례를 받았고 소학교도 세워 학생들을 교육하였다. 1919년에는 미국에서 재정 지원을 받아 17칸짜리 교회 건물을 지었고 신자가 260여 명이 되면서 이종수를 장로로 장립하였다.[141] 1920년 10월 22일에는 일본 동경에서 열린 세계주일학교 협의회에 참석했던 미국 대표 5명이 이 교회를 방문하여 예배드린 후에 즉석에서 8백 원을 헌금할 약속을 하고 40명의 환자를 더 받으라고 말하였다.[142]

최흥종의 3·1운동 참여

최흥종이 평양신학교에 다니고 있던 1919년 3·1운동이 일어났다. 최흥종은 김철 등과 함께 1919년 2월 하순에 서울에서 광주로 내려온 김필수를 만나 거사를 협의했다.[143] 이후 최흥종은 김필수와 김철과 함께 3월 2일에 다시 상경하여 국기열의 주선으로 김범수 등을 만나 광주 거사를 논의했으며, 3월 5일 시위에 참여했다가 검거되었다.[144]

최흥종은 1919년 6월 25일에 진행된 신문조서에서 3·1운동에 참여하게 된 이유로 한일합병이 독립국에서 강제로 병합된 것이므로 찬성하지 않았다고 답변하였다. 그는 일본인과 조선인의 대우가 다르고 교육제도가 불완전하며 참정권이 없고 총독의 무단정치에 불평불만이 있기에 독립을 희망하고 있었다. 그는 또한 1918년 11월 15일경 신문 지상에서 미국 대통령 윌슨이 민족자결주의를 부르짖는다는 것을 알았다. 민족자결주의에 따르면 세계 각국은 평등한 권리를 가지고 있기에 독립할 수 있다고 생각했다. 또한 세계대전에서 독일의 패배를 알고는 도저히 무력으로서는 세계에 설 수 없는 것을 깨닫고 더욱 민족자결주의에 의해 각국이 평등의 권리를 행사할 수 있다고 생각하며 독립을 희망하였다. 그는 민족자결주의에 의해 조선이 독립하는 것을 희망하였고 그리하여 조선에서도 조만간 독립운동이 일어날 것이라고 확신하고 있었다. 그렇지만 최흥종은 우리 2천만 동포가 먼저 독립사상으로 고취되지 않으면 안 되기 때문에, 자신은 남쪽에서부터 의주까지 독립사상을 고취하는 유세를 할 계획이 있었다. 그런데 고종의 국장이 열리게 되어 많은 지방 사람들이 서울에 모이는 것을 보면서 국장도 참석하고 전국에서 모인 사람들에게 유세도 할 목적으로 3월 2일에 상경하였다.

그는 3월 5일 남대문(서울) 역에서 독립을 고취하는 연설을 했다. 그는 「신조선신문」을 받아서 사람들에게 뿌리면서 독립의 당위성을 부르짖었다. 그가 연설을 시작하자 사람들이 대한 독립 만세를 외치기 시작했고 그들과 함께 남대문을 향하여 행진하다 체포를 당했다. 그는 윌슨의 민족자결주의와 당국에 대한 불평으로 조선과 일본은 어디까지나 제휴하지 않으면 안 되기 때문에 조선의 독립은 배일사상에 입각한 것이 아니라는 것을 연설하여 독립사상을 고취하고자 하였다. 당시 최흥종은 체포되지 않았으면 전국을 돌아다니며 독립정신을 고취할 연설을 하고자 하였고, 더 나아가 장래에도 자신의 마음에서 독립사상은 사라지지 않을 것이라는 태도를 분명히 밝힐 정

3·1운동정신과 코로나극복

도로 독립정신이 명확하였다.[145] 그는 3·1운동에 가담한 것으로 1년여 수감하다 1920년 6월에 석방되어 광주로 돌아왔다.

그는 광주로 돌아온 후에도 광주 YMCA 배후에서 중요한 역할을 하였고, 1924년부터는 회장이 되어 적극적으로 활동하였다. 그는 1922년 3월에 시베리아 선교로 블라디보스토크에 파송되었다가 9월에 총회 참석차 잠깐 귀국했으며,[146] 그 후에 다시 블라디보스토크에서 활동하는 가운데 볼셰비키 혁명세력이 그곳에까지 미쳐 거주 제한을 받는 등 소련 당국의 탄압을 받아 1923년 6월에 귀국하였다.[147]

봉선리 한센병 시설의 여수 애양원으로의 이전

최흥종은 광주로 돌아온 후에는 다시 한센병 환자들을 돌보는 일에 동참하였다. 윌슨이 봉선리에 한센병 환자들을 위한 시설들을 세우고 그들을 치료하자 환자들이 광주로 몰려왔다. 이전에 한센병은 치료할 수 없는 병으로 인식되었으나, 광주 제중원에서 치료한다는 사실이 알려지면서 주변 지역에 있던 환자들이 병원으로 몰려들기 시작하였다. 윌슨은 1920년경부터 대풍자유 치료법과 함께 신앙생활과 일을 통한 직업훈련 등으로 좋은 치료 효과를 얻었다. 그리하여 봉선리 한센병 치료시설에 1920년대 중반에 600여 명의 한센병 환자들이 거주하게 되었다. 봉선리가 처음에는 광주 외곽에 있어 시내와 격리되어 있었다. 그러나 입원환자들이 많아질 뿐만 아니라 상당수의 한센병 환자들도 그곳에 들어가기를 바라면서 병원 주변에 집단으로 거주하게 되었다. 일부 환자들이 광주 시내에도 나타나자, 광주 시민들은 감염을 두려워하며 한센병 환자들을 위한 시설을 다른 지역으로 이주할 것을 요구하기 시작하였다.

광주에 있는 한센병원을 다른 지역으로 이전하라는 주장은 1925년 7월에 「시대일보」에서 처음으로 등장한다. 이 신문은 "나병원을 이전하라"는 사설에서 이 병원으로 인해 몰려오는 "나병 환자로 광주의 시가에는 일종의 불안과 공포의 공기가 흐른다."고 서술하고 있다. 이 사설은 결론에서 나환자를 치료하는 병원의 의의에는 찬성하고 감사하지만, 이 병원의 "경영방법이 너무나 불철저하고 비위생적이기 때문에", "나병원 경영자는 경영장소를 사람이 살지 않는 무인도 같은 곳으로 이전"하도록 호소하고 있다.[148] 병원 이전 계획이 1926년 11월 9일에 허가되었으며 여수군 율촌면 신풍리에 이미 14만평의 부지가 매입되어 1년 내로 이전하려고 준비하고 있었다.[149] 이 시설의 이전에는 국고보조 15,000원과 지방비보조 4,000원에 지방민 기부금과 해외모금이 합쳐졌다. 해외모금은 엉거 선교사를 통해 이루어졌으며, 지방민 기부금 모집에는 1924년 10월부터 광주 금정교회 담임목사로 재직하던 최흥종 목사가 적극적으로 나섰다. 그의 모금 활동은 광주의 교회들과 지인들을 통해 이루어졌는데, 광주 지역 유지들이 3,800원이란 상당한 액수를 모금하였다.[150] 신풍리에 한센병 환자들을 위한 시설을 건설하기 시작하여 1927년 3월 말까지 1차로 150여 명이 이전하였고, 7월 말까지 300명을 이전하였으며, 10월까지 600여 명 대부분이 이주하였다.[151] 건물의 공사는 지속적으로 확장되어 1929년에야 완공되었다. 건설 규모는 14만 평의 땅에 교회와 병원이 중심에 있고, 주변으로 남자 숙소 25개 동, 여자 숙소 25개 동이 있었으며, 헛간, 창고, 작업장 등 140개의 건물이 들어섰다. 이 시설에 대략 800여 명의 한센병 환자들이 입주하여 생활하였다.

한센병 환자들의 이전 시설의 건립에 적극적인 모금 활동으로 후원했던 최흥종은 이후에도 지속적으로 이들의 처지를 개선하고자 노력하였다. 광주 봉선동의 한센병 치료 시설들이 여수 신풍리로 옮겨간 후에도 1928년 1월에 광주에 여전히 나환자 공제회가 있어서 자신들의 자작자급을 위한 지역을 얻고자 광주시와 총독부에 진정서를 내었는데, 아마도 이 일에 최흥이 관여했을 것으로 보인다.[152]

나병근절회 조직

1924년 대구에서 한센병 환자들이 상조회를 조직하였고, 여수에는 1930년에 공제회를 조직했다.[153] 1931년에 여수의 조선나환자공제회 회장 이종수가 최흥종을 찾아와 자신들에 대한 지원을 부탁했고, 그는 이를 허락했다. 그는 "이후로는 사회사업과 정치사업은 무관심할 뿐 안이라 금일로 매장하겠다 하시며 우리 불쌍한 환자로 하야금 내가 그들이 되겠다."고 했다고 한다.[154] 최흥종은 1931년 9월부터 한센병 환자들을 위해 여러 단체들을 조직하며 그들을 위해 적극적으로 활동하였다. 신풍리에 있는 나환자공제회에서는 대표자로 최흥종을 경성에 파견하여 아직 치료시설에 수용되지 못한 나환자들을 돌보아줄 것을 호소하였다.[155]

이때부터 최흥종을 중심으로 한 민족 지도자들은 모금 활동을 하고 나환자 시설을 확충하였으며 선교사들과 협력하여 나환자들의 문제를 해결하고자 하였다. 1931년 9월에 조선나환자구제회를 설립했는데, 이 구제회를 '조선나환자구제연구회'라고도 불렀다. 「동아일보」는 9월 9일자 사설에서 "나환자구제회의 발기"라는 제목을 붙이고 "여수 신풍리에 있는 나병환자공제회에서 경성에 대표자를 보내 나환자구제연구회를 발기할 것을 제안하였다."고 보도하였다. 처음으로 나환자를 적극 구조하고 거리에 유리걸식하는 나환자의 치료 보조와 보균자와의 격리를 위한 조직이 발기되었다. 1930년대가 되면서 환자들이 먼저 나서서 자신들의 구조와 함께 시설에 입소하지 못한 환자들에 대한 격리정책을 총독부에 요구했다. 사회에서의 삶이 너무 비참하고, 삶을 이어나가는 것이 힘들 뿐만 아니라 사회에서 전염 예방을 위해 자신들을 병원에 격리해 달라고 요구한 것이다. 이들은 국가가 이 문제를 해결해야 하지만, 그와 동시에 민간단체에 나환자구제회를 조직해 달라고 요청했다. 이러한 요청에 호응하여 9월 24일에 사회유지의 발기로 나병 환자 구제의 기초를 확립하기 위하여 '나병구제연구회'가 발족하여 윤치호, 신흥우, 최흥종 등 20명이 실행위원으로 참여하였다.[156] 구제연구회에서는 9월 28일에 제1회 실행위원회를 열고 윤치호를 위원장으로, 최흥종을 상무위원으로 선출하였다.[157] 실행위원들을 보면 기독교, 천도교, 불교 등 여러 종교 인사들이 섞여 있으나 기독교인들이 상당수였다. 김성수, 박승직, 현준호 등 자산가들도 참여했는데, 이들은 대부분 민족주의 계열의 인사들이었으며, 당연히 일제의 감시가 뒤따랐다.[158] 상무위원인 최흥종이 조사한 바에 따르면 조선에 나환자가 18,000명이 있으며, 구걸하는 사람이 4,000명에 달하였다. 나환자구제연구회는 10월에 위원과 상무를 증원하여 사업을 추진하고자 하였다.[159] 이 조직의 명칭은 1932년에 접어들면서 '나병근절회' 혹은 '나병근절연구회'로 바뀌었다.

나환자구제회가 나병근절회로 명칭이 바뀐 것은 한센병 환자를 구제하는 것을 넘어서서 나병 자체 근절의 목표를 정한 것으로 보인다. 나병근절회는 1932년 1월 19일에 사업취지서와 장정을 결정하고 사업에 대하여 논의하였다. 사업에 대해서는 두 가지를 논의하였다. 첫째 매년 50만 원을 모금하여 10년을 지속하면 한센병 환자들을 근절할 수 있다는 계획을 세웠다. 이때 논의했던 근절책의 윤곽을 최흥종이 좀 더 발전시킨 내용이 1932년 8월의 「신동아」에 실려 있는데 대략적인 개요는 다음과 같다.[160]

한센병 환자 근절안으로 격리, 치료, 구제, 예방의 4가지를 구비해야 한다. 이를 위해 1. 문화적으로 초기 환자는 치료를 위해 나병원이나 중환자와 구별할 것, 2. 사회적으로 중환자나 걸식환자는 구제를 목적으로 수용치료 할 것, 3. 의료적으로 제반 환자를 병리학적으로 치료할 것, 4. 위생적으로 민중 보건을 위하여 예방과 공중위생에 노력할 것. 치료를 위해서는 대구와 여수의 치료병원을 각각 1,500인의 완전치료 가능성이 있는 자들을 위한 치료기관으로 발전시키고, 구제를 위해서는 소록도와 부산의 집단거주지(콜로니)를 치료가 어려운 중환자 1,000명을 수용하는 구제기관으로 발전시킨다. 특별출장소와 각 군의 공의 혹은 사설 의원을 위탁치료소로 만들고, 경환자 혹은 유사환자는 문화치료소로 자가나 산정(山亭)에 거주하게 한다.

20년은 2기로 나누어, 먼저 1기인 10년간은 매년 50만 원씩 총 500만 원의 예산으로 추진한다. 매년 50만 원은 대구와 여수 치료병원에 15만 원씩 30만 원, 부산과 소록도 구제병원에 10만 원씩 20만 원을 사용한다. 매년의 50만 원의 수입금은 국고보조 30만 원, 선교회 보조 13만 원, 민간보조 1만4천 원, 지방보조비 5만3천 원으로 한다. 치료병원건축비 10만 원은 대구 건물은 6백 평에 3만6천 원, 대구부속설비 6천 원, 여수 건물 4백 평 2만4천 원, 여수부속건물 3천 원, 부산 건물 2백 평 1만2천 원, 부산부속설비 1천 원, 소록도 건물 150평 9천 원, 소록도부속건물 1천 원이다. 이상의 10만 원의 건축비는 선교비와 민간기부금을 합하여 조성한다.

최흥종은 이러한 20년에 걸친 종합적인 나병근절책을 마련하였지만, 이것은 현실적으로 국가와 지방자치단체의 적극적인 도움이 없이는 실현 불가능한 일이기에 실천으로 옮겨지지 못하였다.

최흥종은 당시 경성과 그 근교에 거주하던 한센병 환자 20여 명을 여수나병원에 이송하는데 필요한 약 천 원의 경비를 모금하려 했다. 여수 나병환자치료소와 협의한 결과 천 원만 있으면 서울의 20명의 한센병 환자를 이송할 수 있다고 하여 1월 19일에 최흥종, 백관수, 김병로 3명을 실행위원으로 모금을 시작하였고, 나병근절회 석상에서 위원장인 윤치호가 2백 원을 희사하였다.[161]

1월 24일에는 나병근절연구회 모임을 갖고 부서를 정했는데 회장은 윤치호, 서무부는 최흥종, 현동완, 이기태 등이었고 연구회 회장(會章)과 취지서를 정하였으며 수만 부를 인쇄하여 배포하였다.[162] 그 후에 모금방안을 연구하여 총독부로부터 공식적인 승인을 받았다. 4월 9일에는 나병근절연구회가 회의를 열고 최흥종으로부터 2천 8백 원의 기부금 모금 건을 승인받은 것을 보고받고 회장은 윤치호에서 최흥종으로 교체하고, 최흥종을 비롯한 기존의 3인에 2인을 더하여 모금 위원을 5명으로 확대하였다.[163]

최흥종은 이후에도 모금 활동에 적극적으로 나섰고 5월 초에는 총독부 관리들도 이에 동참하였다. 1932년 5월 초에 구제회가 받은 동정금의 내역은 다음과 같다. 금일봉 우가키 카즈시게(宇垣一成) 총독, 금일봉 이마이다 기요노리(今井田淸德) 정무총감, 금일봉 한이왕 장관, 금일봉 니시키 산케이(西龜三圭, 경무국 위생과 기사), 금일봉 송본성, 200원 윤치호, 금일봉 가토 게이자부로(加藤敬三郎), 금일봉 박영철, 100원 김연수, 100원 동일은행, 50원 무명씨.[164] 이상과 같이 일본 총독과 정무총감 등 총독부에서도 서울 나환자를 격리하려는 이 단체의 활동을 지지하고 후원을 하였다. 당시 조선총독부는 조선 사회가 나환자 격리를 강하게 요구하고 있음에도 불구하고 예산이 부족해 적극적으로 대처하지 못하고 있었다. 그러한 상황에서 민간인들이 스스로 나서 자금을 모금하고 한센병 환자 격리를 시행한다는 계획을 거절할 이유가 없었을 것이다. 5월 말에 일본인들의 경성약업조합에서 113원을 모금하여 나병근절연구회에 송금하기도 했다. 그럼에도 이전비용의 모금액이 부족한 상태였다.[165]

최흥종은 모금 허가권을 인가받고 6월까지 다방면으로 모금했지만, 1,278원 80전 밖에 모이지 않았다. 최흥종은 하는 수 없이 서울의 나환자 30여 명을 데리고 여수로 내려갔다. 그리고 이후에 총독부는 이들의 모금 활동을 더는 허락하지 않고 총독부가 한센병 환자 정책을 주도하고자 하였다. 그리하여 결국 나병근절회는 6월에 해산하게 되었다.[166] 그는 이때 크게 낙심하며 자신의 호를 '오방(五放)'이라고 붙인다. 그 뜻은 가정은 방만(放漫), 회사에서는 방일(放逸), 정치방면으로는 방면(放免), 종교 생활로는 방랑(放浪), 권문세가에서 볼 때는 방자(放恣)라는 의미였다.[167] 그는 모든 것에서 벗어나서 자유롭게 활동하고자 하였다.

1932년 후반으로 접어들면서 조선총독부는 한센병 환자의 문제를 민간에 맡기지 않고 스스로 주도하기 시작하였다. 1932년 11월에 조선총독부는 6천만 원의 예산으로 '나병예방협회'를 조직하여 매년 신규 환자 2,000명씩 수용한다고 발표하였다.[168] 그리고 12월 27일에 나병예방협회를 조직하였다. 나병예방협회의 목적은 한센병 환자 격리시설을 확충하는데 필요한 예산을 모금하는 데 있었다. 기부금은 1933년 3월 말까지의 모금금액이 117,000여 원이요, 황실 하사금 9만 원, 국고보조금 17만 원을 합하면 합계 1,487,000여 원에 이르렀다.[169] 총독부는 한센병 환자들을 격리하여 치료하는 시설에 들어가는 비용 대부분을 조선인들의 기부금에 의존하여 해결하였다. 이후에 총독부는 소록도 자혜의원을 확장하여 나환자들을 수용하기 시작하였다. 조선나예방협회의 모금 활동은 성공적이었고 1933년 말에는 초기 계획한 것보다 훨씬 많은 금액을 모금하였다. 조선총독부는 이같이 예상이 넘는 기부금을 모금하자 원래 계획했던 수용환자 숫자보다 1,000명을 증원하여 총 3,000명을 수용할 수 있는 시설로 확장하려고 하였다.

최흥종은 조선인들이 주체가 되어 한센병 환자 치료 사업은 할 수 없게 되었지만, 나환자들의 복지증진을 위해 지속적으로 활동하였다. 한센병 환자들은 1933년 3월 15일에서 부산에서 전남에 있는 나병환자공제회에 수용된 780여 명과 대구에 있는 나병상조회에 수용된 환자 700명, 부산에 있는 상조회에 수용된 700여 명들의 한센 환자 각 단체의 대표 20여 명이 모여 '전조선나병단체연합회'를 조직하고 인습적 폐해를 일소하고 민중보건운동에 공헌하겠다고 다짐하면서 6개 항의 진정내용을 마련하였다. 이들의 진정내용의 6개항은 1. 환자 수용 모집을 연합회에 위탁할 것, 2. 미수용 환자의 임시 구제와 치료에 관한 것, 3. 환자 간호에는 환자를 다수 사용할 것, 4. 나환자 자녀 중 건강한 소아는 특별 보육할 것, 5. 의탁할 곳이 없는 환자를 먼저 수용할 것, 6. 가정생활 환자와 독신생활 환자를 구별 수용할 것 등 이었다. 이들은 연합회 고문인 최흥종 목사에게 진정서를 위탁했다.[170] 그는 10일 총독부를 방문하고 지전(池田) 경무국장과 서귀(西龜) 위생국장을 면담하면서 나환자를 위한 6개 항을 진정했다.[171] 그는 이러한 진정서 전달을 통해 한센병 환자들의 격리정책에 협조하면서 동시에 그들의 의견이 반영되어 치료가 향상되길 노력하였다

최흥종은 1936년 5월 말에 안창호가 목포를 지나 순천으로 올 때 목포에서부터 함께 했다. 순천에서 두 사람은 신풍리에 있는 나병환자치료소를 돌아보았다.[172] 그는 한센병 환자를 돕기 위해 조선총독부 정치인들과 만남을 가졌지만, 일제의 신사참배는 거부하였다. 그는 3·1운동의 독립운동의 공적을 인정받아 1990년에 애족장을 추서받았다.

V.
자신을 내려놓고

복음이 전파되던 초기에 한국 사회는 아직 전염병에 대한 근대적인 지식과 치료책을 마련하지 못하였고, 여전히 귀신론에 매여 있는 상황이었다. 그러한 상황에서 이미 알렌 선교사 때부터 제중원 안에 전염병 치료를 위한 시설을 마련하였다. 그리고 이것을 더욱 발전시킨 인물이 에이비슨이다. 그는 제중원 책임자로 1895년 콜레라가 창궐할 때 예방책을 마련하여 희생자를 줄일 수 있었다. 그리고 세브란스의 후원을 받아 병원을 지으면서 전염병을 위한 격리병동을 건축하여 전염병을 전문적으로 치료할 수 있는 길을 열었다. 그는 3·1운

3·1운동정신과 코로나극복

동 때에 한국인들의 요구사항들을 일제에 전달하면서 부당한 학생들의 체포에 항의하였다. 그리고 미국으로 귀국한 한 1942년에는 이승만이 만든 독립운동단체인 친한회에 서기와 재무이사로 참여하여 미 상하원에 독립정부승인안이 제출되도록 노력하였다.

에이비슨의 초청으로 1916년에 세브란스 의학교의 세균학 교수로 왔던 스코필드는 1918년에 스페인 독감이 유행할 때 환자들을 임상 조사를 하여 원인과 치료에 대한 논문을 발표하였다. 그리고 한국인들의 3·1운동에 관한 취재를 하고 사진을 찍어 국제사회에 알리는 데 노력하였다. 그는 일본에 항의하여 3·1운동에 관해 여러 곳에 기고하였고 일본의 한국 통치의 실패 원인을 지적하기도 하였다. 그의 가장 중요한 업적은 일제의 가장 잔학한 3·1운동에 대한 탄압사례였던 제암리의 민간인 학살과 수촌리의 민간 가옥 파괴의 참상을 중국과 미국의 언론에 알려 국제적인 여론을 형성하는데 기여한 것이다. 그는 3·1운동 과정에서 일제가 자행한 폭력과 탄압을 국제적으로 알리고자 노력하는 가운데 1920년에 선교본부와의 계약이 만료되어 캐나다 본국으로 귀국해야 했다.

최흥종은 포사이스가 한센병 환자를 참된 기독교인의 사랑으로 돌보는 것에 감동하여 한센병 환자들의 치료에 동참하며 자신의 땅을 희사하기도 하였다. 그는 3·1운동에 가담하여 1년의 옥고를 치르기도 하였다. 1925년부터 시작된 한센병 환자 치료과 거주시설을 광주에서 여수로 이전할 때 기부금 모집에 적극적으로 참여하였고, 1931년 9월부터는 나환자구제회와 나병근절회를 만들어 한센병 환자들을 구제하고 더 나아가 근절하고자 노력하였다. 물론 이러한 그의 노력이 실질적인 결실을 보지 못했지만 그는 끝까지 한센병 환자들의 치료시설에 수용하는 것을 통한 그들의 치유와 복지의 개선을 위해 노력하였다. 그는 자신의 가정과 경제적 이익 등을 포기하는 오방이란 호를 정하면서 사회적 약자인 한센병 환자들을 위해 봉사하였으며, 일제의 신사참배 요구에는 단호하게 거절하였다.

에이비슨, 스코필드, 최흥종은 당시 사회에서 치료하기 어려웠던 전염병에 대해 정확한 과학적 지식을 가지고 한국 사회를 섬겼을 뿐만 아니라, 한국 사회가 독립을 위해 3·1운동을 일으켰을 때 한국의 독립을 위해 협력하고 참여했다. 이들은 그리스도의 참다운 사랑을 가지고 자신들의 이익을 내려놓고 사회적인 약자들을 섬기며 복음을 전파했던 참된 그리스도의 제자들이었다.

신앙의 자유와 전염병

박홍규(전 침신대, 웨신대 조직신학 교수)

Ⅰ.
역사를 통한 배움의 길

2019년 연말부터 시작된 코로나19 팬데믹으로 우리나라뿐 아니라, 온 세계가 고통을 받고 있다. 특히 코로나19 확산을 막고자 시행되고 있는 정부의 강력한 방역 정책으로 교회의 예배를 비롯해 신앙생활이 크게 제약을 받고 있다. 이런 상황에서 국가의 역할과 신앙의 자유와 관련해서 많은 논란을 벌어지고 있다. 이런 논란의 상황에서 우리는 역사 속에서 가치 있는 교훈을 찾아볼 수 있다. 특히 영국에서 종교개혁이 일어나고 개신교가 형성되어 가는 과정에서 영국 런던을 휩쓸었던 페스트로 말미암는 대재앙에 대해 영국 정부와 교회와 청교도들이 어떻게 대재앙을 이해하고 대처했는지 살펴보는 것은 코로나19 팬데믹 상황에 사는 우리에게 시사하는 점이 많다.

역사적으로 볼 때 전염병의 상황에서 신앙의 자유와 정부의 역할과 관계는 종교개혁과 이후의 개신교 운동을 관통하는 국가와 교회라는 문제와 직결되어 있다. 이것은 종교개혁으로 말미암아 로마 가톨릭이 무너지고 개신교가 수립되는 과정에서 교회를 국가의 통제아래 두려는 시도와 성경에 따라 국가의 간섭을 받지 않으려는 신자들의 교회를 세우려는 이상 사이에서 일어난 문제였다. 우리는 이 대표적인 예를 영국에서 소위 '위로부터' 국가 주도의 종교개혁이 일어나고, 이런 국가 주도의 개혁에서 벗어나 더 철저한 성경적인 개혁을 요구했던 청교도 운동에서 찾아볼 수 있다. 또한 이 기간 발생한 전염병은 이미 국가교회라는 이념 아래 신앙의 자유가 억압받고 있는 상황에서 신앙의 자유를 더 위축시킬 수밖에 없었다. 하지만 이런 상황에서 당시 청교도들이 어떻게 이 문제를 이해하고 신앙의 자유를 향한 그들의 여정을 이어갈 수 있었는지 살펴보는 것은 오늘 코로나19 팬데믹 상황에 사는 우리에게 소중한 교훈을 준다.

II.
영국의 종교개혁과 청교도 운동

1517년 10월 31일 마르틴 루터가 95개조 격문을 발표하면서 시작된 종교개혁의 물결은 영국에까지 영향을 미쳤다. 당시 잉글랜드의 왕이었던 헨리 8세는 루터의 95개조 격문이 발표되자마자 이를 반박하는 글을 쓰게 해서 교황의 칭찬까지 받았다. 하지만 헨리 8세는 18년 동안 자신의 조강지처였던 스페인의 아라곤의 공주 캐더린과 이혼 문제를 빌미로 1533년 로마 가톨릭과의 단절을 천명하였다. 그는 1534년 수장령(Act of Supremacy)를 발표하여 자신이 잉글랜드의 교회의 수장임을 천명하였다. 이로 말미암아 영국은 어느 날 갑자기 가톨릭 국가에서 개신교 국가가 되었으며, 영국 내의 모든 가톨릭 교회는 개신교 교회가 되었고, 교회의 수장은 더 이상 교황이 아니라 왕이 되었다.*173*

이런 헨리 8세의 종교개혁은 존 위클리프와 그의 추종자들이었던 롤라드들과 이후에 윌리엄 틴델과 같은 개혁자들의 영향으로 유럽의 본토와 같은 종교개혁에 목말라 있던 잉글랜드의 수많은 지식인과 기독교인의 환영을 받았다. 하지만 헨리 8세의 국가가 주도하는 종교개혁은 국가와 교회라는 차원에서 필연적인 한계와 갈등을 내포하고 있었다. 오직 성경(Sola Scriptura)을 모토로 로마 가톨릭과 단절하고 성경적인 교회를 세우고자 했던 개혁가들은 국가가 간섭하지 않는 오직 신자들의 모임으로서의 교회에 대한 성경적인 이상을 포기할 수 없었다. 하지만 천년에 가까운 세월 동안 교황의 통제 아래 있었던 군주들은 교회를 자신의 통제 아래 두고자 했다.

헨리 8세를 이어 왕위를 계승한 에드워드 6세의 통치 동안 잉글랜드를 개신교 국가로 변모하고자 하는 개혁은 더욱 가속화되었다. 에드워드는 1549년 통일령을 통해 공동기도서(The Book of Common

Prayer)를 유일한 예배의식서로 선포하고, "42개 조항"을 잉글랜드교회의 신앙고백으로 공포하였다. 하지만 이런 에드워드의 개혁은 가톨릭으로 복귀하려는 메리의 시도로 피로 얼룩졌다. 그러나 메리의 통치는 길지 못했으며, 이후에 등장한 엘리자베스 1세의 통치 동안 잉글랜드는 다시 개신교 국가가 되었다.[174] 엘리자베스는 1558년 수장령을 통해 자신이 국가와 교회의 수장임을 천명하고, 1559년 통일령을 통해 공동기도서를 채택하면서 잉글랜드에는 오직 한 개의 교회가 존재하며, 이에 반대하는 자들을 벌금, 구금, 추방, 심지어 사형까지 할 수 있는 강력한 종교법을 시행하였다. 또한 엘리자베스는 1563년 잉글랜드 국교회의 표준신앙고백서인 "39개 조항"를 공포하여 국가교회의 기틀을 다졌다.[175]

하지만 헨리 8세의 종교개혁 이래로 국가의 간섭을 받지 않는 완전한 신앙의 자유를 획득하고자 하는 사람들의 열망은 엘리자베스의 통치 아래 더욱 커져만 갔다. 그들은 잉글랜드의 교회는 청결하지 않으며 이제 어떤 시련과 핍박이 오더라도 성경적인 교회를 세워야 한다고 생각했다. 이들이 곧 "청교도들"(the Puritans)이었다. 이들은 다른 성경적인 교리들처럼 교회까지도 성경적인 교회가 되어야 한다는 이상을 가진 사람들이었다. 이들 중에는 국교도 내부에 머물러 있으면서 지속적인 개혁을 해야 한다고 생각한 사람들도 있었지만, 목숨을 걸고라도 국가교회와 분리되어 새로운 교회를 세워야 한다고 생각하는 사람들도 있었다. 따라서 이들은 분리주의자들(Separatists) 혹은 일치를 거부한 자들(Nonconformists)이라고 불리기도 했다.[176]

엘리자베스의 통치 기간에 시작된 이런 청교도들의 신앙의 자유에 대한 욕구는 1603년 엘리자베스를 계승한 제임스 1세 때도 계속되었다. 제임스 1세는 엘리자베스 때 시행된 통일령을 그대로 계승했으며 이를 어긴 분리주의자들을 강력하게 핍박하였다.[177] 청교도들 안에는 교회론적인 이상에 따라 장로제도를 선호했던 장로교도들, 회중제를 선호했던 회중교도들, 회중제를 선호하지만 유아세례를 반대했던 침례교도들로 분리되어 있었다. 이들은 비록 교회론에서 교회의 운영에 대한 견해의 차이가 있었지만, 온갖 핍박과 제약 속에서도 국교회를 반대하고 성경적인 교회를 세우고자 노력하고 투쟁하였다.[178] 그리고 이런 그들의 노력은 결국 1643년 찰스 2세의 왕당파와 청교도들을 후원하는 의회파 사이에 내전을 촉발하였다. 그리고 왕당파가 전쟁에서 패함으로 찰스 1세는 구금당하고 1649년 결국 참수를 당하였다. 그 결과 1649년부터 1660년까지 크롬웰의 공화정이 탄생되었다.[179]

한편, 국가와 교회의 관계에서 주목해야 할 역사적인 사건은 영국의 아메리카 신대륙에 대한 개척이었다. 엘리자베스가 스페인의 무적함대를 무너트린 이후로 영국은 대서양의 해상권을 장악했다. 그리고 스페인과 포르투갈과 비교해 100년이나 뒤졌지만, 본격적으로 신대륙 개척에 뛰어들게 되었다. 하지만 비록 북아메리카에 탐험대를 보내고 그들이 '처녀'를 상징하는 버지니아를 왕에게 바쳤지만, 신대륙 개척은 실패로 돌아갔다. 이후 제임스 1세는 1607년부터 다시 신대륙을 개척하기 시작하고 1620년 뉴잉글랜드의 제임스 타운을 시작으로 신대륙으로의 이주와 개척을 시작하였다. 이때 제임스는 당시 영국 내에 있던 소위 골치 아픈 존재들이었던 청교도들을 신앙의 자유를 '볼모'로 강제 이주를 시키기 시작했다. 그리고 이런 정책은 찰스 1세의 재임 기간에도 계속되었다.[180]

크롬웰의 공화정은 영국의 정치사와 청교도 운동에 있어서 매우 중요한 시기였다. 비록 완전한 신앙의 자유를 인정하기까지 내외적으로 적지 않은 난관들이 있었지만, 청교도들의 지지를 받고 권력을 잡은 크롬웰은 신앙을 양심의 문제로 규정하고 영국 내에서 완전한 신앙의 자유를 천명하였다. 이 시기는 영국 역사상 신앙을 국가가 억압하지 않는 정치와 종교가 분리된 가장 이상적인 시기였다. 그리고 이런 이상을 담아서 1646년 웨스트민스터 신앙고백서(The Westminster Confession of Faith)가 만들어졌다. 그리고 신앙의 자유를 누렸던 이 기간에 많은 분리주의 교회들이 성장하게 되었다. 그러나 이런 평화기는 오래가지 못했다. 1660년 크롬웰의 공화정이 무너지고 1660년 찰스 2세의 왕정이 복구되었다.[181]

찰스 2세는 왕으로 임명될 때 '부드러운 양심에 따른 신앙의 자유'를 인정하겠다고 약속했지만, 찰스 1세의 전철을 밟지 않고자 강력한 국교회 정책으로 돌아섰다. 1661년 그는 비국교를 모든 공직에서 추방하는 자치령을 내리고, 1662년에는 다시 엘리자베스 때 제정되었던 통일령을 시행하였다. 그리고 이 법령에 따라 그는 약 2,500명의 청교도들을 학교와 교회에서 강제로 추방하였다. 이 법으로 토마스 왓슨, 리차드 백스터와 같은 목사들은 강단을, 존 오웬과 토마스 굿윈과 같은 교수들은 학교를 떠나야 했다. 그리고 존 번연과 같은 사람은 왕명을 어기고 비국교도 교회에서 설교했다는 죄목으로 신앙의 자유를 위해 12년 동안 기나긴 수감생활을 해야 했다.[182] 이후에도 1664년 찰스 2세는 국교회 밖에서 5인 이상 모이지 못하는 집회금지령(Conventicle Article), 1665년 비국교도들은 자기가 사역했던 곳에서 5마일 이내에서 사는 것을 금지하는 5마일령(Five mile act)을 통해 비국교도들을 탄압하였다. 그리고 이런 찰스 2세의 종교에 대한 억압은 1685년 제임스 6세가 재임하여 비록 제한적이기는 하지만 신앙의 자유를 허용하는 신교 관용령(Act of Tolerance)를 시행할 때까지 지속되었다.[183]

이런 탄압은 청교도들의 신앙생활을 위축시켰지만, 역으로 신앙의 자유를 찾아 신대륙으로의 이주를 가속화시켰다. 찰스 2세는 비록 영국 내에서는 강력한 국교회 정책을 통해 신앙의 자유를 억압했지만, 식민지 아메리카에 대해서는 상대적으로 신앙의 자유를 허용하였다. 그 대표적인 예가 독립전쟁을 통해 미국이 탄생 될 때까지 180년 동안 양심에 따른 신앙의 자유를 누렸던 로드 아일랜드 식민지(the colony of Rode Island and Providence Plantation)였다. 로드 아일랜드 식민지는 회중교 식민지였던 메사추세츠 식민지가 신앙의 자유를 억압하자 로저 윌리엄스가 1636년 로드 아일랜드에 세우고 식민지 아메리카에서 처음으로 양심에 따른 신앙의 자유를 허용했던 식민지였다. 로저 윌리엄스는 찰스 1세가 내전으로 패배하여 구금되었던 1644년 11월 13일 의회의 승인으로 합법적으로 완전한 신앙의 자유를 획득하였다. 하지만 찰스 2세의 왕정 복구가 일어난 후 강력한 국교회 정책을 펴자 불안을 느낀 로저 윌리엄스의 동역자이자 후계자였던 존 클라크는 왕에게 다시 실험적으로라도 양심에 따른 신앙의 자유를 허용하는 칙령을 내려줄 것을 요청하였다. 그리고 찰스 2세는 국내 정책과는 다르게 1661년 2월 5일 왕령을 통해 로드 아일랜드 식민지에게 양심에 따른 신앙의 자유를 허용하였다.*184*

우리는 지금까지 살펴본 영국의 종교개혁과 청교도 운동의 역사를 통해 청교도 운동의 성격과 신앙의 자유를 얻기 위한 희생과 노력을 개략적으로 알 수 있었다. 청교도 운동은 영국 내에서 종교개혁이 성공적으로 끝이 나고 개신교회가 수립되는 과정에서 성경적인 교회를 세우고자 하는 과정에서 일어났다. 청교도들은 로마 가톨릭과 단절하고 개신교를 수립하는 과정에서 신학적으로, 신앙적으로 개신교를 성경 위에 세우고자 많은 실천적인 노력을 했다. 그들은 추방당하기도 했고, 감옥에 갇히기도 했으며, 목숨을 잃기도 했다. 그리고 신앙의 자유를 찾아 척박한 아메리카 신대륙으로 개척의 길을 떠나기도 했다. 하지만 이들의 희생과 헌신은 온전한 신앙의 자유가 보장된 영국과 미국, 그리고 이에 영향을 받은 수많은 국가들이 태동되는 데 기여했다. 또한 이 땅에 장로교, 회중교, 침례교 등 수많은 개신교의 후예들을 낳는 산파의 역할을 했다.

Ⅲ.
페스트와 영국의 종교개혁과
청교도 운동

영국의 종교개혁과 청교도 운동의 과정에서 놓치지 말아야 하는 중요한 사항이 있다. 그것은 종교개혁과 개신교회 수립 과정을 단지 신학적이며 신앙적인 관점으로 한정하지 말아야 한다는 것이다. 가령, 마르틴 루터가 깨달았던 이신칭의는 화체설에 기초한 중세 로마가톨릭의 성례전 체계 전체를 무너트리는 신학적 기초를 제공했다. 이런 루터의 이신칭의에 대한 깨달음이 종교개혁을 가속화시키는 사상적 기초를 제공한 것은 사실이지만, 종교개혁은 오직 이런 교리적이거나 신학적인 이유만으로 일어난 사건이 아니었다.[185]

종교개혁은 오스만 투르크 침략으로 말미암는 동로마제국의 멸망과 인문주의 운동의 발흥, 그로 말미암는 고전과 성경에 대한 연구, 페스트의 발생으로 말미암는 급격한 인구감소와 봉건제도의 몰락, 14세기 초부터 시작되어 거의 1850년대까지 지속되었던 소빙하기로 말미암은 이상기온과 기근, 몇 세기 동안 지속하였던 십자군 전쟁으로 말미암는 국고의 탕진과 민심의 이반, 로마 가톨릭의 부패와 교황권에서 벗어나고자 했던 군주들의 야망, 인쇄술의 발달, 자국어의 사용에 대한 인식 등 수많은 사건과 이유가 점철되어 일어난 사건이었다.[186] 그러므로 종교개혁은 마치 예수님이 '때가 차매' 이 세상에 태어나셨던 것처럼(갈 4:4) 모든 것이 준비되었을 때 마침내 일어난 사건

3·1운동정신과 코로나극복

이었다고 말해도 지나치지 않을 것이다.

영국의 종교개혁과 청교도 운동 또한 이런 유럽의 전체적인 배경과 직접적으로 연관되어 있었다. 헨리 8세가 로마 가톨릭과 단절하고 개신교 국가를 선언했을 때 이미 페스트로 중세의 봉건제도는 무너졌고, 오랜 세월 동안 점철된 십자군 전쟁에 대한 참여와 지속된 국내외적인 전쟁으로 영국의 국고는 바닥나고 오랜 기근으로 민심은 돌아서고 있었다. 더욱이 페스트와 천연두와 같은 전염병은 종교개혁이 성공한 후 개신교회가 수립되는 과정에서 변수가 아니라 상수로 존재했다. 그리고 이런 상황은 17세기 중반 신대륙의 개척이 활성화되고 페스트가 극복될 때까지 지속되었다.

영국의 페스트는 1343~1347년에 유럽 전역을 휩쓸었던 1차 팬데믹에서 시작되었다. 페스트는 예시나 페스트 박테리아(yersinia pestis bacteria)에 의해 일어나는 1급 전염병으로 주로 쥐의 벼룩에 의해 옮겨지는 것으로 알려져 있다. 페스트는 중앙아시아에서 발병하여 비단길을 타고 1343년 크리미아(Crimea)에 도착해 유럽으로 전파되었다. 페스트는 부보닉 팬데믹(bubon pandemic)과 2차 팬데믹(second pandemic)으로 나누는데, 첫 번째는 1343년부터 1347년까지 유럽 인구의 30~60%를 사망시킨 사건을 말하고, 두 번째는 그 이후에 계속해서 5년 혹은 10년 주기로 1671년까지 유럽에서 국지적으로 일어났던 사건을 의미한다. 페스트는 1347년 10월 시실리에, 1348년 1월 케노아와 베니스에 상륙하였고, 유럽의 북서쪽을 따라 이동해 1348년 6월까지 프랑스, 스페인, 포르투갈, 잉글랜드에 상륙하였으며, 다시 돌아서 1348~1350년까지 독일과 스칸디니비아에 상륙하였고, 1349년 노르웨이를 거쳐 아이슬랜드까지 상륙하였다. 잉글랜드의 경우 1348~1350년까지 약 4백만의 인구 중 150만 명이 사망하였다.[187]

이런 페스트는 중세유럽 사회를 여러모로 변모시켰다. 왕, 귀족, 사제, 평민 할 것 없이 페스트는 계층과 무관하게 생명을 빼앗아 갔다. 사제들은 평민들의 눈으로 볼 때 더 이상 신의 특별한 보호 대상이 아니었다. 수많은 농노의 사망은 필연적으로 봉건제도의 몰락을 가져왔으며 왕권이 강화되고, 농노들에게 모든 인간은 신 앞에서 평등하다는 생각이 형성되게 했다. 농노들은 더 많은 임금과 자유를 영주들에게 요구할 수 있었으며, 영주는 더는 농노들을 노예처럼 부릴 수 없었다. 이런 사고는 15세기 중반 인문주의의 등장과 더불어 종교개혁의 씨앗을 제공했다.[188]

1348~1350년까지 잉글랜드 인구의 삼분의 일 이상을 죽음으로 몰고 갔던 페스트는 다른 유럽의 국가들과 마찬가지로 잉글랜드를 지속적으로 괴롭혔다. 엘리자베스의 통치가 무너지고 제임스 1세가 왕으로 다스리기 시작했던 1603년에도 약 3만 명이 사망했으며, 찰스 1세가 왕으로 등극하던 1625년에도 페스트로 약 3만5천 명이 사망하였다. 그리고 찰스 1세의 철권통치가 한창이던 1636년에도 페스트로 약 1만 명이 사망하는 일이 있었다.[189] 그리고 크롬웰의 공화정 이후로 왕권을 다시 잡은 찰스 2세가 1662년 통일령을 통해 분리주의 목사들을 강단에서 추방하고, 1664년 집회금지령, 1665년 5마일령을 통해 강력한 국교회 정책을 추진하던 과정에서 1665년 런던

을 중심으로 대규모 페스트가 일어났다.*190* 이 사건으로 런던 인구의 사분의 일에 해당하는 약 10만 명이 사망하고 잉글랜드 전체로는 약 50만 명 이상이 페스트로 사망하는 사건이 일어났다. 그리고 다음 해 1666년 9월 2일부터 5일까지 일어난 런던 대화재 사건으로 런던 전체 건물의 대부분이 화재로 전소되는 사건이 일어났다.*191*

우리는 여기에서 영국의 장로교, 회중교, 침례교와 같은 개신교회들이 이런 영국의 정황 속에서 태동하고 발전했다는 것을 주목해야 한다. 그들이 어떻게 영국의 강력한 국교회 정책 가운데 청교도, 혹은 분리주의의 길을 걸을 수 있었을까? 그들은 다른 무엇보다도 성경이 보여주는 바에 따라 국가의 간섭을 받지 않는 신자들의 교회를 세우고자 하는 강렬한 열망이 있었기 때문이다. 그들은 '오직 성경'의 모토 아래서 종교는 교회론까지 철저히 개혁되어야 한다는 이상을 가지고 있었다. 그리고 이런 그들의 사상은 그들로 하여금 온갖 핍박을 무릅쓰고 개혁가의 길을 걷게 하였다. 하지만 과연 이것만이 그들을 온갖 희생과 핍박을 무릅쓰고 개혁가의 길을 걷게 했을까?

청교도 운동이 일어났던 당시의 시대적 정황에 대해 제임스 패커 (James Packer)는 이렇게 서술하고 있다.

청교도들은 자신들의 신앙 때문에 조직적인 핍박을 경험했다. 그들은 오늘날 우리가 누리고 있는 가정의 안락함을 알지 못했다. 그들의 약과 외과적인 처방은 기초적인 수준이었다. 그들은 어떤 사회보장이나 보험도 없었고, 어떤 아스피린도, 진통제도, 수면제도, 항우울증약도 없었다. 그들은 성인 인구의 절반 이상이 젊어서 죽고, 어린이의 절반 이상이 유아 때 사망하고, 질병과 곤경과 불안과 고통과 죽음이 언제나 그들의 동반자인 세상에서 살았다. 만약 그들이 자신들의 눈을 천국에 고정시키고, 자신들을 고향인 하늘 도성을 향해 여행하는 나그네들로 알고 있지 않았더라면 그들은 자신들이 이상을 잃어버렸을 것이다.[192]

패커가 지적하고 있듯이 우리는 개신교회의 뿌리로 여기고 있는 영국 내에서 일어난 종교개혁과 청교도 운동이 결코 그 시대의 정황과 무관하지 않다는 것을 알 수 있다. 또한 우리는 이 시대의 사람들에게 전염병과 죽음은 변수가 아니라 상수였다는 것을 주목해야 한다. 그들은 유아사망률이 절반이 넘고 40세를 넘기지 못하고 죽는 사람들이 절반이 넘는 시대를 살았다. 그들은 페스트와 같은 전염병의 공포가 늘 상존하고 있는 시대를 살았다. 이런 상황 속에서 그들은 이 땅보다 영원한 천국을 바라보며 어떤 고난이나 역경이 있더라도 성경이 보여주고 하나님이 기뻐하시는 삶을 살고자 했다. 그것이 그들로 하여금 신앙의 자유를 위해 투쟁하게 하고 고난의 길을 걷게 하는 데 적지 않은 이유가 되었을 것이다.

1665년 런던의 대역병

네덜란드의 암스테르담에서 페스트가 크게 발생했다는 소식이 영국 왕실에 들려온 1664년 겨울은 혹독하리만큼 추웠다. 런던의 템스강은 꽁꽁 얼어 시민들이 스케이트를 타고 강 위에는 노점상들이 들어서 있었다.[193] 영국은 난류의 영향으로 위도가 모스크바와 같은 위치에 있지만, 겨울에도 영하로 떨어지지 않는 따뜻한 기후를 가지고 있다. 하지만 1300년 이후부터 1850년대까지 소빙하기 동안 영국의 겨울은 몹시 추웠으며 겨우내 템스강은 꽁꽁 얼어있었다. 그리고 계속된 저온 현상으로 영국은 오랜 기근에 시달렸다. 소빙하기 또한 페스트와 더불어 영국에서 종교개혁과 개신교 수립의 적지 않은 역할을 했다.[194]

찰스 2세는 왕으로 복귀하기 전에 신앙의 자유를 보장하겠다고 약속했지만 이런 약속을 헌신짝처럼 버렸다. 그는 오히려 강력한 국교회 정책을 써서 청교도들을 학교와 교회에서 쫓아냈다. 이에 대해 불응하고 설교하고 예배를 드리는 목사는 가차 없이 감옥으로 보냈다.[195] 이들 중 신대륙에 개척자로 가겠다고 자원하면 추방의 형식으로 풀어주었다. 그리고 그는 찰스 1세를 처형하고 공화정을 열었던 이미 죽어 장사된 크롬웰을 존 브래트쇼와 헨리 얼톤과 함께 1661년 1월 30일 찰스 1세가 처형된 지 12년이 되는 날 무덤에서 꺼내 목을 잘라 웨스트민스터 홀에 1685년까지 못으로 박아 매달아 두었다.[196] 이와 더불어 그는 백성들의 시선을 돌리고자 청교도들이 크롬웰 때 금지시켰던 안식일에도 온갖 스포츠와 놀이를 할 수 있도록 허락하였다.[197]

찰스 2세는 1660년 왕에 등극하자마자 그해 11월 과학에 관심을 가지고 왕립협회(The Royal Society)를 창립하였다.[198] 왕립협회는 '보이지 않는 대학'(invisible college)이라는 이상으로 자연철학자들과 의사들을 중심으로 구성되었다. 이 협회의 모토는 '누구의 말도 그대로 취하지 말라'(nullius in verba)는 것이었다. 곧 이 협회는 모든 진술을 어떤 권위에도 지배받지 않고 오직 실험을 통해 사실만 검증하고자 하였다. 이 협회에는 프랜시스 베이컨, 로버트 보일, 아이작 뉴턴과 같은 이름만 들어도 알 수 있는 학자들이 포진되었다.[199] 이들은 한결같이 과학의 목적을 "창조주를 영화롭게 하고 사람들을 유익하게 하는 것"으로 설정했다.[200] 그리고 이런 왕립협회는 런던에 페스트가 발생하고 이를 대처하는 과정에서 당시 정부에 종교적인 조치를 넘어서 과학적인 조치를 취하게 하는데 기여했다.[201] 또한 1518년 공공의료를 위해 세워진 의사들의 대학(the College of the Physicians)도 찰스 2세의 통치 기간에 페스트의 확산을 막는 과학적이며 의료적인 조치를 세우고 실행하는데 정부와 더불어 크게 기여하였다.[202]

당시 런던의 인구는 제임스 1세가 왕으로 통치를 시작하던 해인 1603년에는 약 14만 명에서 찰스 2세가 통치하던 1660년에는 약 40만 명으로 증가하였다. 당시 런던 다음으로 큰 도시였던 노르비치의 인구가 3만 명이 채 안 되었으니 런던의 인구가 얼마나 많았는지 짐작할 수 있다. 런던의 면적은 448에이커(약 5만5천 평)였으며 적의 침입을 막기 위해 성곽으로 둘러싸여 있었다. 성에는 여섯 개의 문이 있었고, 남쪽에는 템스강이 있었고 강에는 런던 다리가 놓여있었다. 템스강 남쪽에는 사우스워크가 위치하고 있었다. 성곽 밖에는 런던의 시의 통제를 받지 않는 자유지역들(Libertines)이 둘러싸여 있었으며,

이 밖에는 미들섹스와 서레이와 같은 다른 외곽도시들이 둘러싸고 있었다. 웨스트민스터와 런던타워와 같은 곳들은 런던시에 통제를 받지 않는 자치구역이었다.[203]

당시 런던 성곽 내에 92개의 구가 있었으며, 런던 외곽지역까지 포함하면 130개의 구가 있었다. 런던은 성벽을 중심으로 안에 있는 구들과 밖에 있는 구들, 그리고 미들섹스와 서레이에 속한 외곽 구들로 나눌 수 있는데, 성벽 안에 있는 구들은 밖에 있는 구들에 비해 부유하고 신분이 높은 사람들이 거주하고 있었다. 반면에 성벽 밖은 가난한 사람들이 주로 몰려 살았다. 그 결과 도시의 기본 시설 또한 차이가 크게 났다. 이는 페스트가 일어났을 때 성벽 밖에 있던 구들이 더 많은 희생자를 내게 된 것과 무관하지 않았다.[204] 또한 당시 런던은 하수 시설이나 쓰레기 처리 시설이 갖추어지지 않았다. 가난한 지역일수록 오물을 길에 버려 돌로 포장된 도로는 악취가 풍기고 쥐와 벼룩이 들끓었다. 런던의 약 1만5천 채의 집이 석탄을 연료로 사용해 공기가 매우 좋지 않았다. 성벽 밖에는 상인들과 기술자들과 도시의 빈민들이 모여 살았는데 역시 하수나 오물처리가 제대로 되지 않아서 악취가 심했다.[205]

추운 겨울이 시작되기 전에 영국의 황실은 이미 1653~1654년 암스테르담과 함부르크에 페스트가 돌아서 수만 명 이상이 죽었다는 소식을 들었다. 찰스 2세는 추밀원(The Privy Council)을 통해 이에 대한 대책으로 네덜란드에서 물건의 수입을 금지하였다. 또한 암스테르담에서 들어오는 배들은 템스강 밖에서 30일 동안 격리시켰다. 그 이후에 아무런 문제가 없다고 확인되었을 때만 이를 증명하는 증명서를 발급받아 템스강을 통해 런던으로 들어올 수 있었다. 또한 이런 조치는 1654년 5월 네덜란드에서 들어오는 배들 전체로 확장되었으며, 함부르크는 페스트가 잦아들었다는 소식을 듣고 제제가 해제되었다. 이후 런던에 페스트가 발생한 후에는 40일로 그 기간을 늘렸다. 템스강의 입구에는 검문소가 설치되었고, 런던 입구에도 검문소를 설치하였다. 그리고 템스강에는 두 개의 해군 감시선을 띄워서 조치들이 제대로 지켜지는지 감시했다.[206] 물론 이런 조치는 1655~1667년 있었던 네덜란드와의 전쟁을 위한 준비와도 관련되어 있었다.[207]

하지만 이런 조치에도 불구하고 1654년 연말 경 런던 외곽과 성질스(St. Giles) 지역에서 두세 명이 페스트로 죽었다는 소식이 들렸다. 이곳은 템스강의 부두 지역에 있는 가난한 사람들이 밀집된 곳이었다. 페스트가 런던에 유입된 것은 네덜란드에서 수입하는 목화를 나르는 배들을 통해 들어온 것으로 알려져 있다. 목화를 저장해 놓은 한 집에서 목화 더미를 열다가 두 명의 프랑스 노동자가 죽었고, 이 사실을 숨기려 했지만, 대화를 통해 페스트가 다른 사람들에게 감염되었다. 그리고 죽은 사람들을 검사하던 검역관이 감염되었고, 한 가족에서 네 명이 감염되었을 때 이들을 위해 기도해 주었던 목사가 감염되면서 페스트가 퍼져나가기 시작했다.[208] 하지만 당시 사망기록서(the Bill of Mortality)에 따르면 1655년 처음 넉 달 동안 페스트로 죽은 숫자는 공식적으로 네 명에 불과했다. 하지만 매주 사망하는 숫자가 예년에 비해 매우 증가하였기 때문에 페스트가 소리 없이 퍼져 가고

3·1운동정신과 코로나극복

있었다고 볼 수 있다.[209]

　1655년 4월 3건의 공식적인 페스트의 발생을 확인한 후 그동안 공식적인 반응을 자제했던 추밀원은 가정에 방역 조치를 시작했다. 의심이 가는 지역은 임명된 정부 기관에서 검역하고 페스트가 확인되면 집을 폐쇄하였다. 그리고 누군가 폐쇄된 집을 부수고 주민들을 밖으로 나오게 하면 엄격한 처벌이 내려졌다. 일종의 독립된 병원인 페스트 하우스들이 세워지고 환자들을 일반 시민들과 분리하는 조처가 내려졌다. 날이 따뜻해지면서 5월 2~9일인 첫째 주에 성 질스 지역에서 3명의 페스트 환자를 비롯한 인근 지역과 성벽 안에서도 페스트 환자가 발생하였다. 추밀원은 페스트의 확산을 막기 위해 위원회를 조직했으며, 감염된 지역 내에 술집의 문을 닫고, 집에 거주하는 사람들의 수를 제안했다. 런던의 시장은 시민들에게 자기 집 앞의 오물을 치우도록 명령했고 이를 어길 시 처벌하였으며, 임시 청소부들을 동원하여 런던을 대대적으로 청소하였다. 성 질스 지역은 결국 다른 지역으로 확산을 막기 위해 폐쇄했으며, 경찰들은 주민들의 이동을 막고 부랑자들과 의심이 가는 사람들의 출입을 막고 조사하였다.[210]

　하지만 이런 조치에도 불구하고 여름이 시작되면서 페스트는 런던 시내 전역으로 무서운 속도로 퍼져나가기 시작했다. 7월 말 공식적인 통계에 따르면 사망자 3,014명 중 2,020명이 페스트로 사망했다. 찰스 2세는 페스트를 피해서 내각을 살리스베리(Salisbury)로 옮겼다가, 다시 그곳에도 페스트가 발생하자 옥스퍼드로 옮겼다. 이와 더

불어 부자들은 런던을 피해 안전한 지역으로 이주하기 시작했다. 런던의 시장과 대부분의 시의원은 치안의 유지와 페스트의 처리를 위해 남기로 결정하였다. 상인들이 떠나면서 가게들은 문을 닫았다. 하지만 런던 시내를 떠나려면 시장이 발행하는 건강허가증이 있어야 했으며 이를 구입하려는 사람들로 시청은 발 디딜 틈이 없었다. 가난한 사람들은 허가증을 구하는 것이 하늘의 별따기처럼 어려웠으며 대부분 런던 시내에 머물러 있어야 했다.[211]

찰스 2세는 왕명으로 페스트의 확산을 막기 위한 여러 조처를 했다. 페스트가 공기 중으로 감염된다고 생각했으므로 런던의 공공장소와 교회의 뜰 앞에는 허브를 넣어 불을 피우도록 했다. 상한 고기나 악취가 나는 생선이나 썩은 곡식은 가게나 시장에서 팔지 못하도록 했다. 감염된 지역에서 돼지, 고양이, 개, 길들인 비둘기 등의 이동을 금지하였다.[212] 그럼에도 페스트가 퍼지자 런던 시장의 명령으로 약 20만 마리의 개가 희생되었으며, 처음에 고양이가 쥐를 잡는데 유익하다고 생각했지만 결국 약 5만 마리의 고양이도 희생되었다. 페스트 하우스들이 추가로 설립되었으며 페스트를 검사하는 사람들이 세워졌다. 이들은 일반인과 분리하기 위해 손에 흰 지팡이를 가지고 다녔으며 감염을 막기 위해 제안된 지역에서 독립된 생활을 했다. 동전은 식초에 담가 소독하여 사용하도록 하였다. 또한 공공의사들을 고용하여 페스트에 대해 대처하도록 하였다. 장례식 이외에 공적인 모임은 금지되었으며, 극장과 술집은 문을 닫았고, 옥스퍼드 대학과 캠브리지 대학은 폐쇄되었다.[213]

3·1운동정신과 코로나극복

페스트에 감염된 사람은 페스트 하우스로 옮기고 나머지 사람들은 집에 머물러 있되 그 집에는 붉은색 십자가와 더불어 "주여 자비를 베푸소서"(LORD HAVE MERCY ON US)라는 대문자로 된 글자가 새겨지고 40일 동안 집 밖으로 나오지 못하게 했으며, 생필품을 제공하고 감시할 수 있는 감시원들을 세워 지키게 했다. 그리고 40일 이후에도 감염자가 나오지 않으면 흰색 십자가로 바꾸고 두 달을 더 머물게 했으며, 집 안에 있는 물건은 3개월 동안 밖으로 반출하지 못하게 하였다. 페스트로 죽은 사람은 교회나 교회의 뜰에 묻지 못하였으며 별도의 매장지를 만들어 매장하였다. 또한 페스트 사망자는 낮에는 이동하지 못하고 밤에만 매장지로 이동하게 하였다. 9월로 들어서면서 사망자의 수가 수만 명으로 급증하게 되자 결국 한 번에 천 명 이상을 매장할 수 있는 거대한 구덩이를 파서 이들을 매장하였다. 또한 매월 금식일을 선포하고, 매주 수요일과 금요일에는 왕명에 따라 하나님의 자비를 구하는 공적인 기도를 하게했다.[214]

한편 페스트에 효과가 있다는 각종 조치가 취해졌는데 그중에 담배가 페스트를 예방하는 데 효과가 있다고 하여 부자들은 줄담배를 피우고 다니는 일도 있었다. 가난한 사람들은 양파가 페스트를 막는데 효과가 있다는 소문이 돌자 양파즙을 내서 코로 흡입하기도 했으며, 집에는 갖가지 허브로 냄새가 나게 하거나, 허브가 들어있는 주머니를 가지고 다녔다. 온갖 미신적인 행위가 난무하고 환상이나 꿈을 보았다는 사람들과 귀신을 축사하는 사람들 또한 성행하였다.[215]

하지만 페스트로 말미암은 사망자의 수는 여름이 깊어가면서 공식적인 통계로 매주 2천 명에서 7천 명까지 증가하였다. 가게들은 문을 닫았고, 거리는 죽은 사람을 나르는 수레들 이외에 비어있었다. 대부분의 목사와 의사도 런던을 떠났으며 죽어가는 사람들로 넘쳐났다. 1655년 당시 사망자 수를 나타내는 공식통계에 따르면 그해 런던의 130개 구의 총 사망자는 97,306명이었으며, 이 중에서 페스트로 사망한 수는 68,596명이었다. 하지만 당시 사망자의 수를 세는 담당자들이 런던을 떠났거나 페스트로 사망했으므로 약 10만 명 이상이 페스트로 사망했다고 추정된다.[216]

불행 중 다행히도 여름이 지나고 날씨가 추워지면서 페스트는 기적처럼 잦아들어 1662년 2월에는 거의 소멸하였다. 이에 왕과 내각은 다시 런던으로 돌아왔으며 런던에 대한 복구작업이 시작되었다. 하지만 그해 9월 2일부터 5일까지 일어난 런던의 대화재는 런던의 대부분의 건물을 전소시켰다. 페스트가 소멸한 원인에 대해 런던의 대대적인 방역과 더불어 런던 대화재는 논란의 여지는 있지만 여전히 가장 강력한 두 이유로 제시되고 있다.[217]

런던의 대역병 상황에서 청교도들의 대처와 해석

1664년 겨울부터 시작된 페스트는 여러모로 찰스 2세의 종교에 대한 정책을 바꾸게 하는 계기가 될 수 있었다. 하지만 찰스 1세의 전철을 밟지 않으려는 찰스 2세는 완강하게 신앙의 자유를 억압했다. 그는 1664년 겨울부터 페스트가 런던에 상륙하지 않도록 하는 금수조치를 단행하기 시작했다. 하지만 그는 청교도들에게 신앙의 자유를 줄 생각이 없었다. 그는 청교도들을 더욱 압박하기 위해 1665년부터 효력이 발생한 5마일령을 실시하기 시작했다. 5마일령은 비국교도들은 자신이 목회하던 지역에서 5마일 내에 살지 못하며 강제로 이주시키는 법안이었다. 이 법이 실행되면서 조셉 얼라인(Joseph Allein)과 같은 청교도 목사는 목회하던 섬머셋(Somerset)에서 추방당해야 했다.[218]

추운 겨울 덕택에 다소 주춤했던 페스트가 여름이 되면서 런던과 외곽지역을 강타했을 때도 찰스 2세는 청교도들과 타협할 생각이 없었다. 하지만 정치와 제도가 아무리 막으려 해도 성경이 보여주는 참된 교회를 세우고자 하는 청교도들의 열망은 막을 수 없었다. 여름이 되면서 페스트가 심각해지자 왕을 비롯하여 귀족들과 그 주변에 있는 의사들과 대부분의 목사들이 런던을 떠났다.[219] 런던에는 건강증을 받을 수 없었던 가난한 시민들만 남아 공포 속에서 죽음을 기다릴 수밖에 없었다. 국교회 목사들은 부자 성도들을 따라 런던을 탈출했다. 그들은 페스트가 지나간 후에 런던을 재건할 사람들을 보호해야 한다는 논리를 내세워 귀족들과 부자들과 함께 런던을 떠났다. 교회는 비었고 런던의 가난한 시민들은 버림받았다.[220]

런던의 130개 구는 자치적으로 운영되는 특성이 있었기 때문에 추밀원이나 런던 시장의 명령이 제대로 시행되지 않았다.[221] 페스트를 검사하는 사람들 역시 대부분 전문적인 교육을 받지 못한 문맹의 여성들이었으며, 그들은 단지 눈으로 보이는 보편적인 증세를 보고 페스트의 여부를 판정했을 뿐이었다. 페스트 하우스는 오늘과 같은 감염병 전문 병원이 아니라 단지 페스트 환자를 격리하는 곳에 불과했다. 넘쳐나는 페스트 사망자로 이들을 제대로 매장하는 것은 불가능했다. 알드케이트(Aldgate) 구의 매장지의 경우 1,114명의 시체를 한꺼번에 묻었다는 기록이 남아있다.[222]

이런 상황 속에서 런던에 남아있던 청교도 목사들은 국교회 목사들이 떠난 자리를 메우기 시작했다. 그들은 목사가 떠난 교회에 모여든 성도들을 위해 예배를 인도하고 설교했으며, 수많은 사람이 매장되고 있는 매장지 옆에서 예배를 드렸다. 점점 하나님께 돌아오는 부흥의 역사가 일어나기 시작했다. 삶과 죽음의 기로 앞에서 설교가들은 진지했으며, 이를 듣는 가난하고 버림받은 청중들 또한 진지하게 한 말씀도 놓치지 않으려 했다. 그리고 놀랍게도 회심자가 늘어나면서 런던의 페스트도 기적처럼 날씨가 추워지면서 사라지기 시작했다.[223] 페스트는 의인과 악인을 가리지 않고 목숨을 빼앗아 갔지만, 참된 그리스도인들은 하나님이 주시는 위로로 영원한 안식을 바라보며 죽음을 맞이했다.[224] 당시 국교회 목사들 사이에서는 빨리 교회로 돌아가지 않으면 분리주의 목사들에 의해 강단을 빼앗길지도 모른다는 소문이 돌기도 했다. 청교도들에게 런던은 또 다른 사역지였으며 하나님이 일하시는 현장이었다. 정부의 통제가 제대로 작동하지 않았던 아비규환의 현장에서 그들은 영원한 천국을 바라보며 버림받고 죽어가는 가난한 성도들과 함께했다.

청교도들은 페스트를 하나님의 심판으로 이해했다. 특히 그들은 대역병과 그 이후에 일어난 런던 대화재를 직접적인 원인은 아니더라도 간접적으로라도 찰스 2세의 종교탄압과 주일날 오락을 장려한 것에 대한 하나님의 심판으로 이해했다.[225] 비록 이해의 정도나 정죄의 대상은 달랐지만, 페스트를 하나님의 심판으로 이해했던 것은 페스트에 걸린 사람의 집에 붉은 십자가와 하나님의 자비를 구하는 글씨를 새기게 하고, 한 달에 하루 금식일을 선포하고, 매주 수요일과 금요일에 공동 기도회를 하도록 명령한 것으로 볼 때 찰스 2세 또한 크게 다르지 않았다.

런던의 밀크 스트릿의 모들린(Maudlins, Milk Street)에서 목회를 하다가 추방당했던 토마스 빈센트(Thomas Vincent)는 페스트가 지나가고 런던 대화재가 있은 직후에 『성에 대한 하나님의 엄위하신 목소리』(God's Terrible Voice in the City)라는 책을 통해 국가적인 두 재앙에 대한 기독교적인 입장을 밝히고 있다. 빈센트는 그의 책 서문에서 수많은 사람의 목숨을 앗아가고 그것도 부족해서 수많은 이의 삶의 터전을 빼앗아 간 국가적인 대재앙에서 하나님의 소리를 듣지 않는다면 영국이 완전히 파괴되는 더 큰 세 번째 재앙이 올 수 있다고 경고하였다.[226] 그는 "주께서 의를 따라 엄위하신 일로 우리에게 응답하시리라"는 시편 65편 5절을 근거로 하나님이 이 땅에 엄위하신 일, 곧 두려운 일로 말씀하실 때 그것은 하나님이 의로써 심판하시는 것이라고 주장했다. 곧 대역병과 대화재와 같은 국가적인 재난은 그 성격상 국가적인 죄에 대한 하나님의 의의 심판이라는 것이다.[227] 그러면서 그는 페스트와 같은 역병은 독이 있고, 지독하며, 전염성이 높고, 치명적이라는 특징을 지니고 있으므로 하나님의 엄위하신 심판일 수밖

에 없다고 지적했다.228

빈센트는 계속해서 빈센트는 계속해서 "그렇다면 왜 하나님은 페스트와 같은 전염병으로 영국을 심판할 수밖에 없으셨는가?"하고 물었다. 그는 그동안 영국이 하나님의 말씀과 그의 메신저들의 소리를 듣지 않았고, 하나님의 선하심과 자비의 소리를 듣지 않았으며, 하나님의 더 작은 심판들의 소리를 듣지 않았기 때문에 결국 하나님은 대역병과 대화재와 같은 재난을 통해 의로써 심판하지 않을 수 없었다고 진단했다.229 곧 영국의 죄악과 불경건이 대역병과 같은 재앙을 불러왔다는 것이다.230 그는 하나님이 런던을 그들의 죄악이 비추어 볼 때 더도, 덜도 아닌 꼭 맞게 심판하셨다고 생각했다.231 그는 런던 사람의 죄가 곧 하나님의 연료였다고 지적했다.232 그는 이어졌던 대화재에 대해서도 대역병이 돌았을 때 런던 사람들은 눈물로 기도하고 신앙을 회복해야 했지만, 그렇게 하지 않음으로 하나님이 화재로 한 번 더 심판하셨다고 지적하였다. 그는 그들이 진정으로 하나님께 돌아왔다면 설령 화재가 났더라도 하나님이 비를 내리셔서 대화재로 퍼지지 않게 하셨을 것이라고 주장했다.233

어떤 사람들은 런던의 재난의 날에 밤에 무릎을 꿇고 하나님 앞에서 눈물을 뿌리며 가련한 런던 사람들을 위해 중보하였다. 그러나 두렵게도 은혜의 보좌 앞에서 눈물을 뿌리는 예레미야가 너무 적었으며, 하나님과 백성 사이에 서 있는 모세가 너무 적었으며, 하나님의 손에 매달려서 하나님과 씨름하는 야곱이 너무 적었다. 런던의 죄는 너무 크고, 이 성을 향한 하나님의 진노는 너무 뜨거워서 쉽게, 바로 꺼지거나 누그러질 수 없었다. 만약 어떤 사람의 중보로 경감이 이루어졌다면, 하나님이 소돔과 고모라를 파괴하셨던 것처럼 이 도시에 자신의 진노를 다 보이시지 않으셨겠지만, 누구도 이 도시를 향한 진노를 되돌리고 작정을 돌이킬 수 없었다.[234]

빈센트는 구체적으로 런던의 어떤 죄가 페스트와 같은 하나님의 의의 심판을 가져왔는지 지적하였다. 그는 런던이 복음을 가볍게 여겼으며, 회개와 믿음과 사랑과 순종의 열매를 맺지 못했으며, 신앙고백에 있어서 위선적이었으며, 하나님을 예배하는데 형식주의에 빠져있고 열의가 없었으며, 신앙을 고백하는 사람들 사이에 분열이 있었으며, 개인이나 가족이나 교회의 차원에서 개혁을 게을리했으며, 두려운 배교에 빠지고, 세상의 죄의 풍조를 따라갔으며, 하나님의 모든 소명에 귀를 막았으며, 특별히 젊고 일어나는 세대가 불경건하고 나태하며 허황된 정신에 빠져있으며, 자신들이 런던 사람들이라고 교만했으며, 먹을 것을 탐하고 절제하지 못했으며, 게을렀으며, 무자비했으며, 정결하지 못했으며, 술 취했으며, 심판을 왜곡하여 불의했으며, 탐욕스러웠으며, 자신의 부를 위해 남의 것이나 연약한 자들을 착취했으며, 거짓말하였으며, 저울을 속였고, 사치했으며, 질투했고, 비방하고 욕했으며, 부당하게 이익을 취했으며, 육적으로 안전하다고 착각하였다고 말했다.[235]

한마디로, 당시 청교도들은 페스트를 하나님의 의로운 심판의 결과이며 이에 대한 기독교인의 바른 자세는 하나님께 회개하고, 개인과 가족과 교회와 사회와 도시와 국가 전체를 하나님의 말씀에 비추어 개혁해야 할 기회로 이해했다. 그리고 이런 국가적인 재앙에도 불구하고 회개하고 하나님께 돌아오지 않는다면 더 큰 심판이 있을 것을 경고하였다. 그들은 육적인 페스트보다 영적인 페스트를 더 조심하라고 경고하였다.236 하지만 페스트가 런던에 닥쳤을 때 청교도들이 보여준 대재앙에 대한 그들의 해석과 참된 신앙적인 노력과 헌신에도 불구하고 신앙의 자유 차원에서 그들은 여전히 제약을 받고 있었다. 그리고 그것은 또한 그들이 생각했던 대재앙의 한 원인이기도 했다.

하지만 청교도들은 전염병에서 국가의 역할과 신앙의 자유를 구분하여 이해하였다. 크롬웰이 통치할 때 신앙의 자유를 누릴 때 만들어졌던 웨스트민스터 신앙고백서와 다른 분리주의자들의 신앙고백서들은 한결같이 그들이 국가의 권위를 인정하면서도 국가교회를 반대하고 국가와 신앙의 분리를 주장하고 있다.237 하지만 찰스 2세는 국가교회를 강요했으며 이는 신자들의 교회를 성경적인 것으로 고백하고 있는 청교도들에게는 받아들일 수 없는 조치였다. 그럼에도 불구하고 그들은 국가의 권위 자체를 부인하지 않고 왕의 권위를 인정했으며 전염병 사태에 국가의 조치를 받아들였다. 가령, 찰스 2세의 통일령에 의해 교회를 떠나야 했던 리처드 백스터는 그의 '기독교 생활지침'(The Christian Directory)에서 페스트나 화재, 전쟁이 일어날 때처

3·1운동정신과 코로나극복

럼 특별한 이유로 국가가 일시적으로 교회의 모임을 제약하는 것에 대해 합법적인 것으로 인정하였다.[238] 그는 찰스 2세가 국교회 정책을 강화하면서 청교도들로 하여금 5인 이상 모이지도 예배하지도 못하게 금지한 것에 대해 반대했지만, 전염병과 같은 특별한 경우에 제약을 가하는 것은 신앙의 자유와 충돌하지 않는다고 해석하였다.

이것은 종교개혁 이래로 "종교는 과학과 싸우지 않는다."는 개신교 신학이 암묵적으로 받아들인 대전제 아래 이해된 것이기도 했다. 종교개혁이 한창 일어났던 16세기 초중반에도 유럽은 페스트를 극복하지 못했다. 루터의 회심 또한 루터가 공부하던 에르푸르트 대학에 페스트가 일어나 그의 친구 두 명이 죽고 페스트를 피해 고향으로 돌아가던 길에 일어났던 사건이었다.[239] 우리는 이미 중세에 세워진 "신학은 철학과 싸우지 않는다."는 대전제를 종교개혁자들과 개신교 신학자들이 이미 수용하고 있었다는 것을 알 필요가 있다.[240] 르네상스 운동은 서구 유럽의 종교개혁자들과 개신교 신학자들의 의식을 깨웠으며 이는 전염병에 관한 학문적인 연구의 필요성을 일깨웠다. 이것은 자연스럽게 "종교는 과학과 싸우지 않는다."는 대전제로 이어졌다. 곧 그들이 하나님이 일반계시를 통해 준 인간의 합리적 이성과 그 결과인 과학을 특별계시인 성경과 조화를 이룰 수 있는 것으로 이해했다는 것을 의미한다.[241]

대역병 이후의 청교도 운동

1666년 늦가을부터 페스트가 사라지기 시작했다. 그리고 마침내

1667년 2월 왕과 왕비는 런던의 궁으로 돌아왔다. 왕이 돌아오자 귀족들도 런던으로 돌아오기 시작했다. 그들은 물건이 가득 실린 마차들과 하인들을 대동하고 돌아왔다. 윈저로 자리를 옮겼던 법원은 다시 웨스트민스터 홀로 돌아왔다. 1665년 4월 이후로 문을 닫았던 의회는 1666년 9월에서야 다시 열릴 수 있었다. 런던의 가게들도 다시 열리고 새로운 부를 축적할 기회를 찾아 수많은 사람이 런던으로 모여들기 시작했다. 페스트는 1666년 중순까지 산발적으로 발생하였지만 거의 소멸되었다. 하지만 1666년 9월에 발생한 런던 대화재는 새롭게 일어나려는 런던에 치명적인 상처를 남겼다.[242]

페스트는 런던뿐 아니라 주변의 노르비치, 입스비치, 콜케스터, 서댐톤, 윈체스터를 삼켰으며, 영국의 미들랜드 지역은 상대적으로 안전했다. 1650년 잉글랜드의 인구는 약 525만 명이었지만, 1680년까지 490만 명까지 줄어들었으며, 1700년이 돼서야 500만 명으로 회복되었다. 런던의 대화재 이후에 1670년 왕과 의회에 의해 런던 복구법이 통과되었으며, 10년에 걸쳐 전소된 성 바울 성당과 50개 이상의 교회를 새로 건축하기로 결정하였다. 또한 런던의 건물을 재건축할 때 더 이상 목조가 아닌 전염병과 화재에 안전하다고 여겨졌던 석조로 건축을 하도록 하는 건축법도 통과되었다. 국가적인 전염병에 대해 과학적으로 대처하고자 왕립협회에 대한 후원이 강화되었으며, 그린위치(Greenwich)에 천문학과 항해술을 전문적으로 연구하는 왕립천문대(the Royal Observatory)가 세워졌다. 이 두 기관은 대역병과 대화재 이후에 영국에서 과학의 르네상스가 도래하게 하는 기폭제가

3·1운동정신과 코로나극복

되었다.[243]

종교적으로 찰스 2세는 대역병과 대화재 이후에도 국교회 정책을 약화시킬 생각이 없었다. 그것은 왕권이 약화되고 의회파가 득세하게 하여 왕권의 몰락을 가져올 수 있다는 두려움 때문이었다. 이로 말미암아 존 번연은 1661년에 찰스 2세의 국교회 정책으로 베드포드 감옥에서 수감생활을 시작한 이래로 계속해서 감옥에 머물러 있어야 했다. 하지만 찰스 2세는 종교적인 억압 아래 불평이 쌓여가던 청교도들을 달래고자 1672년 2월 통일령과 집회금지령으로 말미암아 형벌을 받았던 청교도들에게 사면령을 내렸다. 그러나 이것은 종교법으로 말미암아 기존의 가해진 형에 대해 사면을 내리는 것이었지, 이후에 국교회에 출석하지 않고 설교를 하면 다시 형벌을 가하는 법령이었다. 존 번연은 사면령으로 잠시 풀려났지만, 국교회 예배에 참석하지 않고 설교를 했다는 죄목으로 또다시 6개월 동안 감옥에 갇히게 되었다.[244]

하지만 이런 찰스 2세의 국교회 정책은 신앙의 자유를 향한 청교도들의 열망을 계속 억누를 수는 없었다. 비록 찰스 2세의 통일령과 5마일령이 지속되고 있었지만, 가령 1677년 런던을 중심으로 하는 특수침례교회들은 웨스트민스터 신앙고백서를 기초로 하여 제2차 '런던신앙고백서'(the Second London Confession of Faith)를, 주로 미들랜드 지역에 퍼져있던 일반침례교도들 역시 웨스트민스터 신앙고백서를 기초로 정통신조(The Orthodox Creed)를 채택하여 국가교회를 반대하고 신자들의 교회가 성경적인 교회임을 천명하였다.[245] 그리고 이런 신

앙의 자유에 대한 투쟁은 결국 찰스 2세를 이어 1685년 왕이 된 제임
스 6세가 신교 관용령을 내려 신앙의 자유를 인정할 때까지 지속되
었다.

　물론 제임스 6세의 관용령은 신앙의 자유만을 인정하는 것이었지
시민으로서의 자유를 인정하는 것은 아니었다. 여전히 비국교도들에
게는 옥스퍼드 대학과 캠브리지 대학은 닫혀있었고, 공직에 진출하
는 것 역시 닫혀있었다. 청교도들은 영국 내에서 신앙의 자유와 시민
으로서의 자유를 획득하기 위해 한 세기도 넘게 계속해서 투쟁해야
했다. 영국 내에서는 1812년 7월 23일에서야 집회금지령과 5마일령
이 폐지되었다. 그리고 옥스퍼드 대학과 캠브리지 대학은 1854년에
비로소 비국교도에게 개방되었다.[246] 이들에게 신앙의 자유와 시민의
자유를 동시에 누릴 수 있는 곳은 오직 식민지 아메리카로 이주하는
길 이외에는 없었다. 이는 청교도들이 식민지 아메리카로 지속적으
로 이주하는 계기가 되었다.

IV.
신앙의 자유를 찾아서

　우리는 지금까지 영국의 종교개혁과 그 과정에서 일어난 청교도
운동, 1665년 런던에 일어났던 대역병에 대해 신앙의 자유와 전염병
이라는 관점에서 살펴보았다. 아직 완성되지 않은 신앙의 자유를 찾

고자 오랜 세월 온갖 희생과 불이익을 감수하고 투쟁했던 영국의 청교도 운동은 우리가 누리고 있는 신앙의 자유가 거저 주어진 것이 아니라는 것을 가르쳐 준다. 국가적 재앙 앞에서 청교도들이 보여주었던 국가와 교회와의 관계에 대한 이해는 오늘 코로나19 팬데믹 상황에서 국가의 역할과 교회가 취해야 할 자세에 대해 의미 있는 교훈을 준다. 특별히 근세기 일제의 강점기 아래서 일어났던 3·1 만세운동처럼 국가의 자유와 신앙의 자유를 위한 선조들의 희생이 있었기에 오늘 우리는 국가적이며 신앙적인 자유를 누리고 있다. 비록 코로나19로 말미암는 상대적인 제약이 있어도 우리는 헌법상 신앙의 자유가 보장된 나라에 살고 있다. 우리는 이 자유를 소중히 여기고 청교도들이 대역병 상황에서 하나님께 회개하고 하나님의 얼굴을 구했던 것처럼 우리의 죄악을 돌이켜보고 하나님 앞에서 우리의 신앙을 개혁해야 할 때이다.

3·1운동과 성경적 민족주의

김요섭(총신대학교 신학대학원 역사신학 교수)

I.
성경이 말하는 민족 개념의 중요성

　하나님께서는 인간의 능력으로는 스스로 깨달을 수 없는 영원한 진리를 성경을 통해 계시하셨다. 성경은 계시의 전달을 위해 시, 예언, 서간문 등 다양한 형식을 사용한다. 그 여러 전달의 형식들 가운데 가장 선호되는 형식은 '이야기'(narrative)이다. 성경이 사용하는 '이야기'의 형식은 상상을 바탕으로 한 설화나 소설과 달리 역사적 사실을 기초로 삼아 영적인 진리를 드러낸다. 즉 성경에 나타나는 이야기들은 구체적인 역사적 상황 속에서 나타났던 여러 인물과 사건들로 구성된다. 이야기 형식뿐 아니라 바울 서신과 같은 서간문이나 레위기, 신명기와 같은 법률문서들 역시 구체적인 역사적 상황이나 사건들을 배경으로 삼는다. 이런 의미에서 성경은 신구약 66권 전체가 영원불변한 하나님의 진리를 구체적인 역사 가운데 계시한 이야기라고 말할 수 있다.

성경은 최초 인간의 창조로부터 시작해 역사 전체의 종결인 최후의 심판까지 전 인류의 역사를 배경으로 삼는다. 따라서 성경이 제시하는 하나님 나라의 역사는 전 인류적이다. 그럼에도 불구하고 이스라엘이라는 한 민족의 시작과 성립과정, 그리고 발전과 멸망, 회복에 이르는 흥망성쇠가 성경의 가장 중요한 배경으로 활용된다. 그 분량뿐 아니라, 성경이 부여하는 의미에서도 이스라엘 민족의 역사는 하나님의 계시를 이해하는 데 있어 중요하다. 실제로 하나님께서는 수차례에 걸쳐 자신을 '이스라엘의 하나님'이라고 자처하셨다. 출애굽기 3장 14절에서 하나님은 모세를 불러 이스라엘 백성에게 보내시며 자신을 '스스로 있는 자'라고 소개하신 후, 15절에서 곧 자신을 이스라엘 백성들의 조상의 하나님 여호와라고 부르라고 명령하셨다.[247] 모세를 비롯한 시편 기자들과 이사야, 예레미야 등 구약의 주요 기술자들은 하나님을 이스라엘 민족의 '조상의 하나님 여호와', 혹은 '이스라엘의 거룩한 이', '이스라엘의 하나님 여호와'라고 불렀다(신 4:1; 시 76, 98; 사 1:4; 렘 33:4).

이스라엘 민족에 대한 의미 부여는 신약에서도 동일하다. 신약에 이르러 하나님의 구속 역사는 예수님의 사역과 가르침을 통해 이스라엘 민족을 넘어 전 세계적으로 확장되었으며 모든 민족을 상대로 한 구원 역사의 종결을 명확히 가르친다.[248] 그럼에도 불구하고 신약 성경은 이스라엘 민족에 대한 관심을 그치지 않는다. 신약은 예수 그리스도를 '아브라함과 다윗의 자손'이라고 부르는 선언으로 시작(마 1:1)한다. 또 이스라엘 민족을 동원해 구원의 진리에 대해 가르치신다(마 15:24). 바울 서신의 가장 중요한 관심사 중 하나는 혈통적 이스라엘이 영적인 이스라엘로 갱신되는 것이다.[249]

이스라엘 민족에 대한 성경의 관심에서 주목할 점은 하나님께서 이스라엘 민족의 역사를 통해 영원한 진리를 계시하신 특별한 방식이다. 이 방식 가운데 성경은 민족의 개념과 실체를 분명히 인정하고 있으며, 민족을 계시 전달을 위한 유용한 틀로 사용한다는 사실을 확인할 수 있다. 실제로 성경은 민족에 대해 관심이 많다.[250] 성경의 용례와 관심을 염두에 두면 오늘날 민족 혹은 민족주의와 관련한 현대적 논의와 관련해 성경적 개념을 검토할 가능성이 확보된다. 1948년 팔레스타인 지역에 이스라엘 국가를 수립한 유대인들을 포함해 역사에 등장했던 여러 민족이 자신들의 국가 형성을 위해 성경의 사례들을 활용해 왔다. 이와 같은 사실 역시 성경적 민족주의에 대한 논의의 가능하게 해 준다.

이 글은 성경이 말하는 '민족'(nation) 혹은 '민족주의'(nationalism) 개념과 일반 역사 가운데 나타났던 개념이 항상 일치했는가의 문제에 주목하려 한다. 결론부터 말하자면 오늘날 통용되는 '민족' 개념은 성경이 제시하는 '민족' 개념과 모든 점에서 일치하지 않는다. 가장 큰 이유는 지난 수천 년간 나타난 '민족' 개념 혹은 그 국가적 구현의 시도들이 그 시대나 지역의 차이만큼 서로 다른 국면과 양상을 보

3·1운동정신과 코로나극복

여주었기 때문이다. 이 글에서 논의하려는 '민족주의' 개념은 18세기 근대 서구 역사의 발전 과정을 거쳐 정립된 정치사상으로서의 민족주의이다. 근대적 민족주의는 지난 200년 동안 서구권을 넘어서 21세기에 이르러서도 전 세계적인 영향력을 발휘해 왔다. 그리고 인터넷을 비롯한 국제적 SNS를 통해 실시간으로 전 세계가 소통하는 오늘날에도 '민족'이라는 틀은 여전히 많은 국가와 공동체 정체성의 기초로서 작동하고 있다.

근대적 민족주의 개념은 여전히 큰 영향력을 발휘하고 있음에도 불구하고 '민족'에 대한 해석과 적용에 합의된 해석이나 적절한 실현 노력이 이루어지고 있지 않는 것이 현실이다. 심지어 민족주의에 대한 잘못된 이해나 그에 따른 폭력과 차별과 같은 부당한 적용의 현실을 오늘날 세계는 여전히 경험하고 있다. 특히 단일민족임을 자부하는 한국 사회 안에는 민족주의에 대한 다양한 이해와 적용의 난맥상이 더 심각하게 발생할 위험이 있다. 따라서 성경이 말하는 '민족' 개념을 고찰하고 이를 기준 삼아 오늘날 일반적으로 사용되는 '민족' 혹은 '민족주의'를 검토하는 것은 성경을 더 정확히 이해하기 위한 신앙적 유익뿐 아니라, 급변하는 세태 속에서 현시대를 정확히 해석하고 미래를 바르게 대비하는 데 필요한 시도일 것이다.

II.
성경에 나타난 민족 이해

민족의 시작과 전개

성경이 말하는 '민족'에 대해 이해하기 위해서는 먼저 민족이 처음으로 출현하고 다양한 민족으로 확장되며 그 가운데 이스라엘 민족이 성립되는 과정을 소개하는 창세기를 살펴보아야 한다. 하나님은 '하나님의 형상'이라는 보편적 가치를 부여하여 아담과 하와를 창조하시고 그들에게 생육하고 번성하라고 명령하셨다. 하나님께 불순종하고 금지된 열매를 먹은 타락 이후에도 하나님께서 이들에게 주셨던 생육과 번성의 약속은 취소되지 않았다. 창세기는 타락 이후에도 지속된 생육과 번성을 설명하면서 이 모습을 아담의 후손들을 통해 다양한 민족들이 등장하는 일련의 과정을 통해 설명한다(창 4:25-26).

그러나 아담의 후손들은 다시 하나님의 뜻을 거역하고 타락했다. 홍수는 타락에 대한 하나님의 징계였으며 그 범위로 볼 때 인류 전체를 향한 보편적 징벌이었다. 홍수로 인해 이제까지 형성된 여러 민족들은 모두 사라졌고 오직 노아의 가족만 남았다. 하나님께서는 노아와 그의 아들들에게도 '생육과 번성, 충만'을 다시 약속하셨다(창 9:1). 그리고 이 약속 안에는 노아의 후손들을 보존하시겠다는 약속도 포함되었다. "내가 내 언약을 너희와 너희 후손과 너희와 함께 한 모든 생물 곧 너희와 함께 한 새와 가축과 땅의 모든 생물에게 세우리니 방주에서 나온 모든 것 곧 땅의 모든 짐승에게니라(창 9:9~10)." 이 약속 때문에 노아의 세 아들 셈, 함, 야벳은 많은 족속을 이루며 여러 땅으로 흩어져 나갔다.

그러나 노아의 후손들은 다양한 민족을 이루며 땅에 충만하라는 하나님의 명령을 충실히 따르지 않았다. 동방으로 이주한 노아의 후손들은 시날 평지에 이르러 큰 성읍과 높은 탑을 건설했다. 이는 널리 자신들의 이름을 알리고 '지면에 흩어짐'을 방지하기 위함이었다. 하나님께서는 이들의 교만한 시도를 막으시기 위해 언어를 혼잡하게 하셨다(창 11:6). 바벨에 탑을 쌓았던 사람들의 근본적인 문제는 성읍을 건설하려는 노력이나 한자리에 모여 머물려 한 노력에 있지 않았다. 그들의 근본적인 잘못은 하나님의 명령을 무시하고 하늘에 닿는 높은 성을 쌓아 자신들의 이름을 내고 지면에 흩어짐을 당하지 않으려 한 교만과 불순종에 있었다. 바벨에서 발생한 언어의 분화나 그에 따른 인류의 흩어짐 자체는 하나님의 징벌이나 저주가 아니었다. 창세기의 여러 기록을 통해 확인할 수 있는 하나님의 뜻은 노아의 자손들이 한 장소에서 한 민족으로 머물기보다는 다양한 민족을 이루어 번성하고 여러 지역으로 확산해 온 땅에 충만해지는 것이었다. 바벨에서 벌어진 언어의 분화가 저주만이 아닌 것은 이 사건을 통해 하나님께서 인류의 번성과 충만함의 약속을 성취하셨기 때문이다. 이런 맥락에서 볼 때 다양한 언어의 사용과 여러 민족의 등장이 인간의 타락에 따른 결과이지만, 그럼에도 불구하고 이를 통한 인류의 '흩어짐'은 하나님의 명령이며 약속이었다고 볼 수 있다. 다양한 민족의 형성과 그들의 '흩어짐'은 거듭되는 인간의 타락에도 불구하고 자신의 약속에 충실하신 하나님의 신실하심의 결과이기도 했다. 창세기에 여러 번 반복해 등장하는 족보들은 인간의 배반과 오해에도 불구하고 스스로 언약을 지켜주시는 하나님의 신실하심을 증명하는 일종의 보증서이다.

바벨의 타락 이후 언어와 민족으로 분화된 인간들 사이에 끊임없는 대립과 갈등이 발생했다. 그러나 하나님께서는 이와 같은 갈등과 대립 속에서도 민족의 구별을 폐지하지 않으시고 오히려 민족이라는 개념과 단위를 활용하셨다. 즉 하나님께서는 타락한 인류 전체를 구하기 위해 아브라함을 통해 한 민족을 조성하시고 이 민족을 통해 온 인류를 향한 구원의 역사를 진행하신 것이다. 아브라함을 부르신 하나님의 다음과 같은 약속에는 '민족'에 대한 개념이 뚜렷이 나타난다. "내가 너로 큰 민족을 이루고 네게 복을 주어 네 이름을 창대하게 하리니 너는 복이 될지라 너를 축복하는 자에게는 내가 복을 내리고 너를 저주하는 자에게는 내가 저주하리니 땅의 모든 족속이 너로 말미암아 복을 얻을 것이라 하신지라(창 12:1~2)." 아브라함과 이삭, 그리고 야곱과 그의 아들들로 이어지는 창세기 족장 시대의 역사는 이스라엘 민족의 형성사였다. 하나님께서는 나이가 많았던 아브라함과 사라에게 극적으로 이삭을 허락해 주셨으며, 형의 발뒤꿈치를 붙잡고 태어난 '야곱'을 브니엘에서 하나님과 겨루어 이긴 '이스라엘'로 삼아 주셨다(창 32:28). 야곱과 그의 아들들은 요셉을 통해 애굽으로 이주하여 열두 지파로 구성된 큰 민족을 이루었다. 요셉은 창세기의

3·1운동정신과 코로나극복

마지막 장에서 하나님께서 그들을 이끌어내실 때 반드시 자신의 유골을 약속된 땅으로 함께 가져가라고 유언함으로써 이스라엘 자손들이 자신들의 민족적 정체성을 망각하지 않게끔 했다. 요셉이 유언으로 확증하려 했던 것은 단순히 이스라엘의 민족적 정체성이 아니라 하나님께서 아브라함과 이삭과 야곱에게 반복해 약속하신 이스라엘의 영적 정체성이었다. 이스라엘은 인류 구원을 위한 언약의 성취를 위해 하나님께서 특별히 조성하신 민족이었다. 히브리서는 요셉의 믿음이 그의 유언에서 가장 확실하게 드러났다고 평가한다(히 11:22). 요셉뿐 아니라 창세기 족장들에 대한 히브리서의 평가들은 이들이 보여준 믿음의 삶의 의의가 단순히 큰 민족을 형성했다는 사실에 있는 것이 아니라, 온 인류를 향한 하나님의 구속 역사를 위해 쓰임 받았다는 사실에 있음을 가르친다. "이 사람들은 다 믿음으로 말미암아 증거를 받았으나 약속된 것을 받지 못하였으니 이는 하나님이 우리를 위하여 더 좋은 것을 예비하셨은즉 우리가 아니면 그들로 온전함을 이루지 못하게 하려 하심이라(히 11:39-40)."

창세기에 나타나는 민족의 기원과 분화, 그리고 이스라엘 민족의 형성 과정을 통해 확인할 수 있는 것은 다음 두 가지이다. 첫째, 민족은 타락으로 인해 어쩔 수 없이 발생한 필요악이나 역사 가운데 우연히 발생한 산물이 아니라, 하나님께서 창조 때부터 분명한 의도로 만드신 인류의 생활 단위이다. 둘째, 민족은 하나님께서 온 인류를 향한 구원의 역사를 위해 활용하신 구성체로서 구속 역사에 있어 중요한 요소였다.

이스라엘 민족과 하나님의 구원 역사

앞서 언급했듯이 구약 성경은 이스라엘이라는 한 민족에게 초점을 맞추고 이 민족의 흥망성쇠를 따라 하나님의 뜻을 계시한다. 그러나 구약의 역사는 이스라엘 민족의 역사만이 아니었다. 즉 구약은 이스라엘 민족의 역사 자체가 아니라 그 배후에 있는 '구원의 역사'를 드러내는 데 근본적인 목적이 있다. 구속사로서의 구약의 특징은 구약 성경이 민족과 관련해 강조하는 두 가지 초점과 관련된다. 첫째, 하나님께서 이스라엘 민족을 선택하여 사용하신 것이지 이스라엘 민족이 하나님을 선택하여 모신 것이 아니다. 이사야는 이 점을 분명하게 말한다. "야곱아 너를 창조하신 여호와께서 지금 말씀하시느니라 이스라엘아 너를 지으신 이가 말씀하시느니라 너는 두려워하지 말라 내가 너를 구속하였고 내가 너를 지명하여 불렀나니 너는 내 것이라 (사 43:1)."

둘째, 구약은 하나님께서 진행하시는 구원의 역사를 설명하는 가운데 이스라엘 민족의 성공보다는 실패에 더 주목한다. 성경은 이스라엘 민족이 자신들의 역사가 오직 하나님의 구속 역사 가운데 의미가 있음을 너무 자주 외면하거나 망각했음을 지적한다. 그 망각의 결과 이스라엘은 하나님의 구원 역사 속에서 순종의 모범으로서의 긍정적 역할보다는 불순종의 위험을 경고하는 역할을 더 많이 담당했다. 이 문제와 관련해 선지자 이사야가 이스라엘 백성들을 향해 전한 하나님의 경고는 신약 로마서에서까지 인용된다. "이스라엘에 대하여 이르되 순종하지 아니하고 거슬러 말하는 백성에게 내가 종일 내 손을 벌렸노라 하였느니라(롬 10:21)."²⁵¹ 이스라엘 백성들은 왕으로부터 일반 백성에 이르기까지 그들을 조성하시고 애굽에서 구출해 내신 하나님을 바르게 섬기지 않았다. 그들은 하나님보다 자신들의 필요와 이익을 더 앞세웠고 그 결과로 하나님을 상대화시키고 심지어 우상처럼 이용하려 했다. 즉 이스라엘 민족은 하나님의 뜻에 순종하여 구원의 역사를 위해 쓰임 받으려 노력하기보다는 자신들의 욕구와 필요를 위한 신이 되기를 하나님께 강요한 것이다.

이 점에 있어 구약 이스라엘 민족의 역사는 하나님의 뜻과 구원의 역사를 자신들의 역사로 만들려 한 왜곡의 역사였다고 말할 수 있다. 그 대표적인 사례 가운데 하나님의 왕이심을 무시하고 자기들을 위한 인간 왕을 요구했던 이스라엘 백성들의 요구와, 그에 따라 왕이 된 사울의 비극을 꼽을 수 있다. 왕을 세우는 문제는 결국 이스라엘 민족의 주권자이신 하나님을 인정할 것인가 아니면 자신들의 유익을 위한 인간 왕을 세울 것인가의 문제였다. 사무엘은 미스바에서 사울을 왕으로 선출하면서 이 점을 이스라엘 백성들에게 분명히 경고했다.²⁵² 선지자들의 수많은 책망 앞에서 이스라엘 백성들은 자기들이 언제 하나님 앞에서 절기를 지키지 않았으며 언제 하나님을 버린 적이 있었냐며 변명하고 항의했다. 이후 호세아 선지자는 외형적 경배만 남아버린 이스라엘 민족의 문제를 신랄하게 비판했다. "나는 인애를 원하고 제사를 원하지 아니하며 번제보다 하나님을 아는 것을 원하노라 그들은 아담처럼 언약을 어기고 거기에서 나를 반역하였으니라 … 내가 이스라엘 집에서 가증한 일을 보았나니 거기서 에브라임은 음행하였고 이스라엘은 더럽혀졌느니라(호 6:6~7, 10)."

이스라엘 백성들의 잘못된 선민의식과 왜곡된 민족주의는 하나님의 독생자 예수 그리스도를 십자가에 못 박는 사건에서 가장 극단적으로 나타났다. 이스라엘 민족의 종교지도자들은 그들이 만들어 놓은 종교에 따르지 않고 모세와 아브라함을 무시했다는 이유로 예수님을 미워했다. 그들은 로마제국 치하에서 헤롯의 지원을 받아 겨우 완공을 앞둔 새로운 예루살렘 성전을 허물고 사흘 만에 짓겠다는 예수님의 말씀을 이스라엘 민족 종교에 대한 정면 도전으로 이해했다. 그들은 이를 계기로 삼아 예수님을 죽이기로 결정했다.[253] 그러나 예수님께서는 자신을 영접하지 않고 도리어 배척하는 이스라엘 백성을 끝까지 품으셨다. 주님은 반역한 예루살렘을 향해 다음과 같이 말씀하셨다. "예루살렘아, 예루살렘아 선지자들을 죽이고 네게 파송된 자들을 돌로 치는 자여 암탉이 그 새끼를 날개 아래에 모음 같이 내가 네 자녀를 모으려 한 일이 몇 번이더냐(마 23:37-38)." 역설적으로 예수 그리스도를 십자가에 못 박게 한 이스라엘 민족의 배신으로 인해 모든 인류를 위한 대속의 죽음이 이루어져 하나님의 구원의 약속이 성취되었다.

예수님의 십자가의 죽음과 부활 그리고 성령강림 이후 이스라엘 백성들에게 집중되었던 구원의 역사는 모든 민족에게 확장되었다. 부활하신 예수님께서 제자들에게 "모든 민족으로 제자를 삼으라."하신 명령은 이점을 명확하게 지적한다(마 28:19-20). 신약의 역사는 혈통

3·1운동정신과 코로나극복

적 이스라엘이 영적 이스라엘로 재해석되어 하나님의 구원의 계획이 마침내 성취되는 하나님 나라 확장의 역사로 전개된다. "그런즉 믿음으로 말미암은 자들은 아브라함의 자손인 줄 알지어다 또 하나님이 이방을 믿음으로 말미암아 의로 정하실 것을 성경이 미리 알고 먼저 아브라함에게 복음을 전하되 모든 이방인이 너로 말미암아 복을 받으리라 하였느니라(갈 3:7-8)." 이렇게 전개된 하나님 나라의 역사는 모든 민족이 하나님의 보좌 앞에서 어린양을 찬양하는 구원 역사의 완성으로 종결될 것이다(계 7:9-10). 이처럼 '민족'은 신약 성경 전체에 걸쳐 복음 확장의 역사를 설명하고 구원 역사의 완성을 계시하는 데 있어서도 여전히 중요한 설명의 틀과 중요한 구성 요소로서 활용된다.[254]

이상과 같이 민족에 대한 성경의 진술들을 고려할 때 민족에 대한 성경적 이해는 다음과 같이 정리할 수 있다. 첫째, 성경의 민족 이해는 특정 민족에 대한 설명에 국한되지 않고, 결국 모든 민족을 구원하시는 하나님의 구원 역사와 관련된다. 따라서 성경적 민족주의는 방향에 있어 종말론적이며 범위에 있어 포괄적이다. 이 점을 간과했던 신약시대 유대인들과 마찬가지로 오늘날 유대교인들 역시 아직도 민족주의적 종교관에 갇혀 구원의 복음을 거절하는 오류를 범하고 있다. 둘째, 하나님의 구원 역사가 주된 이야기(main story)이고 이스라엘 민족의 흥망사는 배경적 이야기(background story)이다. 하나님의 구속 역사가 아담의 타락으로부터 인류 전체의 구원까지 아우른 점을 볼 때, 이와 같은 우선순위의 기준은 이스라엘 민족뿐 아니라 다른 민족이나 다른 공동체에게도 예외가 될 수 없다. 하나님 나라의 역사는 구원 역사의 완성을 향해 지금도 계속되고 있다. 그러므로 축복의 그리심 산과 저주의 에발 산 사이에 섰던 구약시대 이스라엘 민족과 마찬가지로 신약시대 교회의 성도들 역시 하나님의 주권적 구원 역사를 인정하고 순종하면 축복과 칭찬을 받을 것이다. 그러나 자신들의 세속적 목적이나 사적인 이익을 앞세우고 하나님을 우상처럼 이용하려 한다면 징계와 저주를 피할 수 없을 것이다(신 27:11-26; 수 8:30-35).²⁵⁵

Ⅲ.
오늘날의 민족주의에 대한 성경적 반성

근대 이후의 민족주의 사상

'민족주의'는 합의된 정의를 내리기 어려운 개념이지만 일반적으로 자율, 통합, 그리고 정체성을 대표적인 목적으로 삼아 특정 지역의 특정 혈연 공동체가 보존과 안녕을 추구하는 이념적 운동과 그 사상이라고 부를 수 있다.²⁵⁶ 이처럼 민족주의가 국가의 주된 존립 기반으로 부상한 것은 18세기 계몽주의 이후이다.²⁵⁷ 따라서 지금 영향을 끼치고 있는 민족주의에 대한 성경적 반성을 위해서는 먼저 근대 민족주의의 출현 배경을 살펴보아야 한다. 근대적 민족주의는 왕권신수설로 대표되는 서구의 왕정국가 사상에 대한 대안으로 주목

받은 정치사상이었다.[258] 17세기부터 18세기 유럽의 주요 국가들을 이끌었던 절대왕정과 계급제도를 기반으로 한 전근대적 국가 제도는 영국의 명예혁명(1688)과 미국의 독립(1776), 그리고 프랑스의 대혁명(1789) 등 근대적 시민혁명들을 통해 전복되었다.[259] 그러나 그 이후 새로 형성된 근대 국가의 정체성은 자연법에 근거한 이성적 판단이나 자유, 평등, 박애의 이상 위에서 형성되지 않았다. 보편적 이성과 혁명 정신을 앞세운 나폴레옹의 정복 전쟁은 그가 1804년 황제로 즉위하자 곧 그 명분을 상실했다. 이후 유럽 각국은 나폴레옹의 제국주의에 맞서는 과정에서 민족적 정체성을 강화했다. 또 나폴레옹의 몰락 이후에는 여러 국가들이 메테르니히가 주도한 비인 체제(Vienna System)에 맞서면서 민족주의가 새로운 국가 정체성의 근본으로 자리 잡았다. 즉 어떤 군주의 백성인지는 상관없이 유럽 각국의 국민들은 이제 그들이 서로 민족이기 때문에 한 국가를 형성해야 한다는 이해를 공유하기 시작한 것이다.[260] 19세기 독일과 이탈리아의 통일은 특정 왕가나 이념을 기초로 삼기보다는 한 민족으로서 한 국가를 형성해 다른 국가들에 대항해야 한다는 민족주의적 사고 위에서 진행하였다.[261]

19세기에 민족주의는 서구 열강들이 식민지를 확장하는 가운데 더욱 영향력 있는 정치 이념으로 발전해 나갔다. 산업혁명을 통해 근대화를 이룬 서구 국가들은 자신들이 상대적으로 우월한 민족이며, 따라서 상대적으로 열등한 다른 지역 민족을 지배하여 근대화시켜야 한다는 제국주의 사상을 내세웠다. 서구 제국주의의 패권적 지배 논리 안에는 근대적 민족주의 사상이 내포되어 있었다. 반면 서구의 지배를 당했던 피식민국가들에서도 민족주의는 저항을 위한 정치사상으로 선택되었다. 대표적으로 일본은 '대동아공영권'을 주장하면서 서방 국가들의 침략에 맞서 아시아의 여러 민족이 단합해야 한다고 주장했다. 그러나 일본 제국주의는 소위 야마토 민족정신을 내세워 일본 민족의 우월함을 주장했고 그 위에서 조선을 비롯한 여러 나라를 부당하게 침략하는 등 아시아 여러 나라에 황국신민화의 굴종을 강요했다.[262]

두 차례 세계대전 이후 제국주의의 시대가 새로운 국면을 맞이한 20세기에 들어서도 민족주의는 여전히 큰 영향력을 행사했다. 서구의 지배를 벗어나 독립한 비서구권에는 민족주의가 새로운 재건과 발전의 이념으로서 큰 영향력을 발휘했다. 20세기 내내 제국주의 국가들의 침략에 맞서 독립을 추구했던 아시아와 아프리카 등지의 여러 국가들은 독립 국가 수립의 사상적 기반으로서 민족주의를 내세웠다. 민족주의에 대한 선호는 민족 국가 수립보다는 계급 혁명에 의한 국가 수립을 주장한 공산주의 국가들에서도 예외가 아니었다. 대표적으로 일제와 미제에 맞서 공산주의를 선택했던 북한은 민족주의 경향을 강조하는 주체사상을 자신들의 존립을 위한 사상적 기반으로 발전시켰다. 1990년대 이후 공산주의로 대표되는 근대적 진보의 거대한 역사적 실험이 실패로 끝났다. 그러나 21세기의 소위 탈근대주의 시대에도 민족주의는 여러 나라 가운데 정치적 일치감을 확인할 수 있는 가장 유력한 국가 정체성의 토대로서 그 영향력을 발휘하고

3·1운동정신과 코로나극복

있다.

근대 이후 형성된 민족주의는 혈통이나 언어의 일치, 거주지의 근접함보다는 역사적 경험의 공유를 통해 일치감을 강화하는 모습을 보여준다. 특히 고난을 함께 경험하고 함께 극복한 역사적 경험은 서로 다른 개인들이 같은 한 민족임을 확인하는 가장 중요한 요소로 작동한다. 혹시 여러 개인을 묶어낼 수 있는 공통된 역사적 경험이 충분하지 않다면 국가는 여러 가지 방식으로 공통의 경험을 창조해 제공하거나 반복적으로 재확인하려 했다. 대표적인 사례로 미국, 중국, 러시아와 같이 혈통과 언어, 역사적으로는 전혀 단일민족 국가임을 주장할 수 없는 국가들은 스포츠 행사나 미디어, 혹은 영화와 같은 문화 콘텐츠 등을 자국민에게 동일한 민족 의식을 고취하는 중요한 방법으로 동원해 왔다.[263] 특히 각국의 독특한 역사적 전통이나 특정한 사건 혹은 역사적 인물에 대한 재조명은 민족 국가의 일치성을 공유하고 재생산하는 가장 중요한 수단으로 적극적으로 활용되고 있다.

다른 나라와 비교할 때 한국에서는 재해석된 역사적 경험의 공유 노력은 큰 필요가 없어 보인다. "단군의 자손"임을 자처하는 한국인들에게 언어와 혈통의 단일함에 대한 신뢰도는 그 어느 나라 국민보다 크다. 또 역사적 경험의 공유에 있어서도 우리가 한 민족이라고 주장할 수 있는 확실한 이유가 충분하다. 우리 민족은 지난 역사의 과정 가운데 열강들 사이에서 많은 역경을 경험했다. 또 같은 민족끼리 전쟁을 치르고 이후 80년 가까이 유일한 분단국가의 형편에 놓여

있는 상황도 민족주의 정신을 고취하는 데 유리한 조건이다.[264] 즉 분단의 상황이 민족 사이의 갈등과 상이함을 키워오는 측면보다는, 한 민족으로서 당연히 통일 국가를 이루어야 한다는 당위 논리로 작용하여 민족적 정체성과 일치성을 강화하는 것이다. '민족'을 강조한다는 점에서 남북한은 유사한 면모를 가지고 있다. 북한은 외세에 맞서 우리 민족끼리 무언가를 해내자는 주체사상을 내세우고 있다. 남한은 다른 국가들과의 갈등 양상만큼이나, 수많은 스포츠 이벤트와 다양한 영화와 드라마를 비롯한 각종 문화 콘텐츠들의 위상을 부각하여 단일민족이라는 자부심을 고취하고 민족주의를 심화시키고 있다.

그러나 근대 이후 형성되어 현재 한국 사회에 영향을 미치고 있는 민족주의는 성경에 나타난 민족에 대한 이해와 결정적인 차이가 있다. 오늘날 국가의 정체성을 구성하는 정치 이념으로서 근대 민족주의는 민족의 기원을 하나님의 창조나 언약보다는 인간들의 자의적인 합의에 두고 있으며, 그 목적을 보편적인 구원과 완성보다는 국가 간의 상호 구별, 혹은 대립을 기반으로 한 각 국가의 세속적 이익 추구에 두고 있다. 역사 전반에 걸쳐 나타난 민족주의는 기본적으로 정치적 이념이었다. 즉 민족주의는 우세한 국가가 다른 국가를 지배하는 정당화의 이유로 활용되었으며, 수세적 국가에서는 지배 국가에 대한 저항 이념으로 작동했다.[265] 국내적으로 민족주의는 정치 권력자들이 국민을 단합시켜 복종시키는 구실로써 활용되었다. 특히 21세기 미국과 중국 사이에 발생한 새로운 대립은 노골적으로 자국의 이익과 민족적 우월성을 앞세우는 가운데 정치 군사 분야에서뿐 아

3·1운동정신과 코로나극복

니라 경제와 문화, 종교 영역에 이르기까지 전 세계적으로 심각한 문제를 일으키고 있다. 강대국뿐 아니라 세계 곳곳에서는 민족들 사이의 갈등으로 인한 국지적 분쟁이 벌어지고 있으며, 다양한 민족 구성원들 사이의 갈등으로 인한 내적 갈등 역시 끊이지 않고 있다. 외국인 이주민의 증가와 다문화 가족의 확산 등 내적 요인들과, 그리고 남북통일 문제, 주변 열강들의 갈등과 외적 요인들은 현재 한국이 가지고 있는 민족국가로서의 정체성을 앞으로 사회적 화합보다는 심각한 갈등의 이유로 바꾸어 놓을 소지가 크다.

이와 같이 오늘날 이기적이며 대립적인 양상을 보여주는 근대 민족주의의 현실은 이방 나라들의 분노와 민족들의 헛된 일을 비웃으시는 하나님의 심판의 대상이라고 말할 수 있다. "어찌하여 이방 나라들이 분노하며 민족들이 헛된 일을 꾸미는가 … 하늘에 계신 이가 웃으심으여 주께서 그들을 비웃으시로다(시 2:1~3)." 그 어느 나라보다 더 강력한 민족주의적 성향과 그로 인한 대내외적 갈등을 겪고 있는 21세기 한국의 상황 속에서 우리 그리스도인들은 우리가 가지고 있는 민족주의 사상을 성경의 엄정한 기준에 따라 분별하고 그에 따라 바람직한 성경적 민족주의를 정립해야 할 시대적 과제를 갖고 있다.

성경의 관점에서의 민족주의에 대한 반성

오늘날 첨예한 민족주의의 대립 가운데 성도들은 성경의 가르침에 귀를 기울여야 한다. 성경은 왜 하나님께서 민족을 만드시고 존중

하시며 사용하시는지 분명히 말한다. 이 점에 있어 사도 바울이 아테
네 사람들에게 전한 메시지는 중요한 교훈을 준다.

> 우주와 그 가운데 있는 만물을 지으신 하나님께서는 천지의 주재
> 시니 손으로 지은 전에 계시지 아니하시고, 또 무엇이 부족한 것
> 처럼 사람의 손으로 섬김을 받으시는 것이 아니니 이는 만민에게
> 생명과 호흡과 만물을 친히 주시는 이심이라. 인류의 모든 족속을
> 한 혈통으로 만드사 온 땅에 살게 하시고 그들의 연대를 정하시며
> 거주의 경계를 한정하셨으니, 이는 사람으로 혹 하나님을 더듬어
> 찾아 발견하게 하려 하심이로되 그는 우리 각 사람에게서 멀리 계
> 시지 아니하도다(행 17:24~27)

이 말씀은 당시 로마의 식민치하에서 더 강하게 민족적 우월감을
내세웠던 아테네 사람들에게 바울이 가르친 성경적 민족 이해를 대
변한다. 이 본문의 요점은 세 가지로 정리할 수 있다. 첫째, 하나님께
서는 사람들의 방식과 이해대로 섬김을 받지 않으신다. 둘째, 하나님
께서는 특정 민족이 아니라 만민에게 생명과 호흡과 만물을 은총으
로 주신다. 셋째, 하나님께서 각 민족의 경계를 정하신 것은 이것이
하나님을 알게 하는 데 필요했기 때문이다.

사도행전에서 확인할 수 있는 민족에 대한 성경적 대원칙을 따
른다면 오늘날의 민족주의에 대한 반성을 두 가지로 정리할 수 있다.
첫째, 배타적 우월의식은 성경적 민족주의가 아니다. 성경은 모든 족

3·1운동정신과 코로나극복

속 모든 민족이 하나님의 진리와 절대적 거룩함 앞에 설 것을 명령한다. 따라서 그 어떤 개인이나 민족이 자의적 기준에 따라 다른 민족을 향해 배타적 우월성을 주장해서는 안된다. 개인과 공동체, 그리고 민족에게 어떤 성취와 장점이 있다면 그것은 다만 그런 특별한 은혜와 은사를 주신 하나님께 감사할 이유일 뿐이다. 이를 감사의 제목으로 삼지 않고 민족의 상대적 우월감의 이유로 삼는다면 민족에 대한 애착과 헌신은 파괴적인 민족주의로 변질될 수 있다. 각 나라와 민족들 안에 있는 신비한 건국 신화나 역사적 승리의 기억들이 아무런 제한 없이 상대적 우월감의 근거가 될 때, 이는 대내외적인 대립과 갈등을 조장하는 파괴적인 정치 이념으로 전락할 수 있다.

둘째, 세속적 민족주의와 바른 기독교 신앙 사이의 정당한 구별이 필요하다. 앞서 살펴본 바와 같이 성경은 민족이라는 개념과 틀을 인정한다. 성경이 말하는 하나님 나라의 보편적이며 종말론적 특징을 고려할 때 현재의 민족국가들도 모두 하나님의 구원 역사 가운데 놓여있다고 볼 수 있다. 그러나 모든 민족주의가 성경적 민족주의와 동일시될 수는 없다. 구별이 중요한 것은 배타적 우월주의가 역사적 피해의식과 결합되고 그 가운데 종교성까지 가미되어 그 결과로 위험한 민족주의 이념이 구축될 수 있기 때문이다. 하나님께서는 이스라엘을 괴롭혔던 많은 주변 민족들을 심판하셨다. 그러나 가장 많은 책망과 가장 심각한 심판을 받은 대상은 도리어 이스라엘 민족이었다. 주변 민족에 대한 징계와 심판은 실제로는 자신의 백성 이스라엘을 향한 경고를 위함이었다. 민족에 대한 심판은 하나님께서 하시는 일이지, 인간들이 결정하여 실행하는 것이 아님을 잊지 말아야 한다. 우리 민족 역시 하나님의 공의로운 심판 앞에서 예외가 아니다. 도리어 스스로 하나님께 부름받은 민족임을 주장한다면, 선택된 민족에게는 더 엄중한 하나님의 심판이 있음을 기억해야만 할 것이다.

실제로 배타적 우월주의와 종교성까지 포함했던 가장 파괴적인 민족주의의 모습이 역사에 등장하였다. 독일의 '국가사회주의 독일 노동자당', 즉 히틀러의 나치였다. 나치는 1920년 발표한 25개조 강령에서 배타적인 민족주의 이념을 앞세웠다. 25개조의 주요 조항들은 다른 민족을 적으로 간주했으며 이를 위해 왜곡된 종교적 신념을 기반으로 삼았다. 이는 배타주의적 민족주의의 위험성을 극명하게 드러낸다.

> 1조, 우리는 민족 자결의 이념에 따라 모든 독일인이 대독일로 결집할 것을 요구한다.
>
> 4조, 게르만 민족만이 시민이 될 수 있다. 종파에 관계없이 게르만족의 피를 이어받은 사람만이 시민이 될 수 있다. 따라서 유대인은 민족의 일원이 될 수 없다.
>
> 8조, 더 이상 비독일인의 이민을 제한하여야 한다. 우리는 1914년 8월 2일 이후에 독일로 이주한 비독일인을 즉시 국외로 추방할 것을 요구한다.
>
> 24조, 우리는 어떠한 종교도 국가의 존속을 위태롭게 하지 않거나 게르만 민족의 선량한 풍속 및 도덕에 위배되지 않는 범위

안에서 모든 신앙의 자유를 요구한다. 우리 당 자체는 특정한 신념에 묶이지 않으며 적극적 기독교의 입장을 지지한다. 적극적 기독교는 우리 내외의 유대적, 유물론적 정신과 투쟁하며 근본적으로 내면에서만 달성되는 우리 민족의 영원한 구제를 확신한다.[266]

히틀러가 내세운 배타적 민족주의는 1차 세계대전에서 패배한 독일 국민들이 주변 국가에 받은 과도한 보상 요구로 "인해 갖게 된 피해의식을 자극했고, 반유대주의와 결부되어 독일 국민 사이에 큰 호응을 얻었다. 히틀러와 나치는 민족주의를 내세워 결국 정권을 장악하고 군사력을 급속히 강화할 수 있었다. 그러나 나치의 배타적 민족주의는 유대인 600만 명을 비롯한 수많은 내외국인을 인종 개량이라는 명분으로 학살하고 전 세계를 참혹한 전쟁으로 몰아넣은 인류 역사상 가장 비극적인 결과를 만들어냈다.

그렇다면 배타적인 정치 이념인 민족주의와 차별되는 성경적 민족주의는 어떤 모습일까? 첫째, 성경적 민족주의는 자기 민족을 하나님께서 주신 공동체로 여기고 진심으로 사랑하는 것이다. 민족은 근본적으로 가족의 확장된 형태로서 개인들에게 주어지는 확장된 형태의 공동체라고 볼 수 있다. 성경도 가족과 친족에 대한 사랑을 그리스도인들의 의무라고 가르친다(딤전 5:8). 이런 점에서 볼 때 같은 지역에서 오랫동안 함께 살던 이웃 유대인들뿐 아니라 심지어 동족 독일인들까지 인종 개량의 명목으로 학살한 나치의 만행은 결코 용

납될 수 없다. 근대화나 불가피론을 내세우면서 구한말 일제에 나라를 넘긴 정치지도자들의 판단도 결코 사소한 잘못이라고 말할 수 없다. 민족 해방을 주장하면서 한국전쟁을 일으켜 민족상잔의 비극을 만들어낸 북한의 범죄 역시 명백하다. 성경의 가르침에 따른 민족에 대한 바른 사랑은 아무리 흠이 많고 문제가 있어도 함께 공감하고 어려움에 동참하는 것이다. 같은 동족들을 아무런 배려도 없이 매도하거나 부당하게 비난하고 더 나아가 여러 정치적 명분을 내세워 위협하며 폭력적으로 억압하는 것은 결코 올바른 성경적 민족주의가 아니다.

둘째, 성경적 민족주의는 정확하게 그러나 간곡하게 자기 민족의 문제와 잘못을 지적하고 반성을 촉구하는 것이다. 진정한 사랑은 모든 문제를 간과하거나 같은 편이라 무조건 옳다고 옹호하는 태도가 아니다. 올바른 민족사랑은 우리 민족 안의 상처와 아픔이 치유되고 회복될 수 있도록 잘못과 오류를 정확하게 지적할 줄 아는 것이다. 구약과 신약 전체를 통해 하나님의 사람들은 훌륭한 민족주의자들이었다. 모세는 금송아지를 만들어 숭배하여 범죄 한 자기 민족 이스라엘 백성들을 위해 자신의 구원을 걸고 하나님께 간구했다(출 32:31-32). 사도 바울도 복음을 받아들이지 않고 자신을 박해하는 유대인들을 위해 자신의 구원을 내어 놓고 하나님께 간구했다(롬 9:1-3). 그러나 모세와 바울은 자기 민족의 잘못을 일방적으로 옹호하지 않았다. 또 자기 민족을 사랑한 나머지 하나님께 받은 사명을 소홀히 하거나 부당한 방법으로 왜곡하지도 않았다. 모세는 우상 숭배자들에게 하나님의 엄중한 심판을 실행했고, 다시 시내산에 올라가 십계명을 받아 백성들에게 선포했다. 바울 역시 유대인 베냐민 지파로서의 자존감을 가지고 있으면서도 유대인들의 율법적 행위 요구를 끝까지 거절하고, 행함이 아닌 예수 그리스도를 믿는 믿음만이 유일한 구원의 길이라는 진리를 타협 없이 선포했다.

셋째, 성경적인 바른 민족주의는 개인뿐 아니라 민족 차원에서 하나님 나라의 역사 가운데 자신과 공동체의 정체성과 사명을 재확인하는 것이다. 민족은 그 자체로 목적이 될 수 없다. 민족은 하나님의 온전한 뜻이 시행되며 복음이 확장되는 틀이며 장이다. 이 점을 망각하면 민족이 하나님마저 상대화시키는 우상이 될 수 있다. 하나님보다 '민족'이라는 미명하에 수많은 우상을 동시에 섬겼던 이스라엘은 서로 분열하여 대립하다가 결국 차례대로 멸망했다. 이 점에 있어 우리는 자기 민족의 범죄를 놓고 기도했던 느헤미야의 기도를 기억해야 한다.

하늘의 하나님 여호와 크고 두려우신 하나님이여 주를 사랑하고 주의 계명을 지키는 자에게 언약을 지키시며 긍휼을 베푸시는 주여 간구하나이다 이제 종이 주의 종들인 이스라엘 자손을 위하여 주야로 기도하오며 우리 이스라엘 자손이 주께 범죄한 죄들을 자복하오니 주는 귀를 기울이시며 눈을 여시사 종의 기도를 들으시옵소서 나와 내 아버지의 집이 범죄하여, 주를 향하여 크게 악을 행하여 주께서 주의 종 모세에게 명령하신 계명과 율례와 규례를 지키지 아니하였나이다 … 만일 내게로 돌아와 내 계명을 지켜 행하면 너희 쫓긴 자가 하늘 끝에 있을지라도 내가 거기서부터 그들을 모아 내 이름을 두려고 택한 곳에 돌아오게 하리라 하신 말씀을 이제 청하건대 기억하옵소서. 이들은 주께서 일찍이 큰 권능과 강한 손으로 구속하신 주의 종들이요 주의 백성이니이다(느 1:5~10)

허물어진 예루살렘에 대한 소식을 듣고 자기 민족의 회복을 위해 기도했던 느헤미야의 간구는 성경적인 민족주의의 정신을 대변한다. 느헤미야는 이 기도에서 자기 민족의 잘못을 철저하게 인정하고 회개하며, 오직 신실하신 하나님의 이스라엘을 향한 약속해 주신 말씀을 의지하며 회복을 간구했다. 이 기도가 오늘날 한국교회가 어려움에 부닥친 우리 민족을 향해 가져야 할 마땅한 마음이다. 역사에 대한 기억은 하나님의 주권과 신실하심을 기억하고 그에 맞추어 현재의 형편을 점검하여 회개하고, 하나님의 약속에 기대어 회복을 소망하기 위함이어야 한다. 자기 민족의 우월감과 정당화, 혹은 다른 민족을 향한 배타적이며 대립적인 자존감 확보를 위한 역사이해는 무익하며 심지어 위험하다.

3·1운동의 정신에 담긴 민족주의

사명의 재확인은 회개로 이루어지며 사명의 실현은 겸손한 섬김으로 이루어진다. 민족복음화는 기독교를 우리나라의 제1 종교로 만들거나 한국교회의 세계적 영향력을 확대하는 것이 아니다. 민족복음화는 오히려 하나님 앞에서 겸손하고 정직하게 행하는 것이다. 성공과 성장이 모든 국가가 지향하는 보편적 가치가 되어버린 21세기의 국제 정세에서 이런 소극적인 이해와 적용은 자칫 무력한 패배주의로 여겨질 수 있다. 그러나 역사의 주관자이자 심판자이신 하나님께서는 지금도 한 개인이나 특정 민족이 아니라 자신의 이름만 영광받기를 원하신다. 성경은 하나님께서 겸손과 순종을 기준으로 그의 백성들과 교회를 평가하신다고 분명히 말씀하셨다. "그런즉 군왕들아 너희는 지혜를 얻으며 세상의 재판관들아 너희는 교훈을 받을지어다, 여호와를 경외함으로 섬기고 떨며 즐거워할지어다(시 2:10-11)."

지금으로부터 100년 전 유럽에서 나치의 파괴적 민족주의가 등장하던 즈음에 한반도에는 성경적 가치를 잘 담은 민족정신의 한 진술이 등장했다. 그것은 3·1운동 민족대표 33인이 함께 발표된 독립선언서였다. 독립선언서의 초안이 기독교 정신에 근거해 작성된 것인지에 대해서는 논란이 있지만, 이 선언서의 작성과 채택 과정에서 기독교 정신과 성경의 가르침이 많이 반영되었다는 점은 부인하기 어렵다.[267] 무엇보다도 이 독립선언서의 주요 내용은 성경이 가르치는 바람직한 민족 개념과 이를 실현하기 위한 올바른 방법을 선명하게 반영한다.[268]

가장 먼저 3·1 독립선언서는 우리나라의 주체가 조선 민족이며 이 독립선언의 목적이 누군가를 해치거나 반대하는 것이라기보다 하늘의 뜻을 따라 민족의 자유로운 발전과 정당한 권리를 회복하기 위함이라고 주장한다.

우리는 이에 우리 조선이 독립한 나라임과 조선 사람이 자주적인 민족임을 선언하노라. 이로써 세계 모든 나라에 알려 인류평등의 큰 뜻을 밝히며 이로써 자손만대에 알려 민족자존의 정당한 권리를 영원히 누리게 하노라. 반만년 역사의 권위에 기대어 이를 선언함이며, 이천만 민중의 성충을 합하여 이를 널리 밝히며, 민족의 오래도록 변함없을 자유 발전을 위하여 이를 주장함이며, 인류적 양심이 드러남에 따른 세계 개조의 기회에 따라 함께 나아가기 위하여 이를 제기함이니 이것이 하늘의 뜻이며, 시대의 대세이며 전 인류가 함께 생존하고 같이 살아 나갈 권리의 정당한 움직임이니 하늘 아래 어떠한 것이든 이를 막거나 억누르지 못할 것이니라.[269]

독립선언서는 배타적이며 침략적인 민족주의 사상의 한계와 문제점을 날카롭게 지적하고, 우리 민족의 독립운동은 이와 같은 민족주의와 차별되는 사상임을 분명히 선언한다.

낡은 시대의 유물인 침략주의, 강권주의의 희생을 비롯하여 역사가 시작된 이래 몇 천 년에 처음으로 다른 민족에게 억눌리는 고통을 겪은 지 지금까지 10년이 지났으니 우리 생존권을 빼앗긴 것이 무릇 몇이며, 정신적 발전에 장애가 됨이 무릇 몇이며, 민족적 존엄이 훼손된 것이 무릇 몇이며, 새로움과 독창으로써 세계 문화의 큰 흐름에 기여하고 도움을 보낼 기회를 잃은 것이 무릇 몇인가.

또 독립선언서는 지금 우리 민족이 주권을 빼앗긴 어려운 형편임에도 불구하고 이웃 나라와 세계평화를 위해 담당해야 할 사명이 있음을 주장한다.

엄숙한 양심의 명령으로써 자신의 새로운 운명을 펼쳐나가는 것이오, 결코 오랜 원한과 잠시뿐인 감정으로써 남을 시새우고 미워하여 물리치는 것이 아니로다. 묵은 사상과 묵은 세력에 속박된 일본 정치가가 공을 세우기 위해 희생이 된 부자연적이고 불합리한 잘못된 상태를 바로잡아 고쳐 자연스럽고 합리적인 바른길과 원칙으로 돌아오게 함이로다.[270]

독립선언서 마지막에 첨가된 "공약삼장"은 민족의 독립을 추구할 때 취해야 할 바람직한 행동 표준이 무엇인지를 표명한다. 그것은 우리 민족의 자유를 타협하지 않고 끝까지 주장하되, 결코 배타적이지 않고 무질서하지 않은 방식으로 상호 존중과 인도주의 정신에 따라 추구하는 자세이다.

하나, 오늘 우리의 거사는 정의, 인도, 생존, 존영을 위하는 민족적
　　요구이니 오직 자유적 정신을 발휘할 것이오, 결코 배타적
　　감정으로 그에 벗어난 행동을 하지 말라.

하나, 마지막 한 사람까지 민족의 정당한 의사를 시원히 발표하라.

하나, 모든 행동은 가장 질서를 존중하여 우리의 주장과 태도로 하여금 어디까지든지 떳떳하고 정당하게 하라.

Ⅳ.
3·1운동의 유산과
성경적 민족주의 실천의 사명

광복 75주년을 맞이하는 2020년 한국 사회와 한국교회는 국제적 대립과 그에 따른 국내 갈등이 최고조에 달하는 역사적 상황의 반복을 경험하고 있다. 한반도를 둘러싼 미국과 중국, 러시아와 일본의 갈등은 100년 전 한반도의 상황을 떠올리게 한다. 이런 위급한 상황 가운데 주변 열강에 대한 대처에서 나타나는 정책적 혼선뿐 아니라, 이 문제로 인해 국내에 확산되는 갈등이 더 큰 안타까움을 주고 있다. 현실을 진단하고 바른 대안을 모색하는 혜안은 의외로 먼 곳에 있지 않다. 한국교회와 사회는 2019년 한해 동안 3·1운동 100주년을 기념했다. 지금보다 훨씬 더 어려운 상황 속에서 민족을 사랑하는 마음으로 독립을 외쳤던 우리 조상들의 목소리는 오늘날 우리에게 더 큰 울림을 준다. 가장 암울했던 시대 3·1 독립선언서가 우리가 천명한 민족 독립의 정신이었으며 이 정신 위에 설립된 임시정부가 대한민국의 국가적 정체성이라고 말한다면 이 선언서가 밝히는 바람직한

'민족주의' 정신과 그 실현을 위한 행동의 방침은 결코 시효기간이 만료된 과거의 유산만은 아니다. 3·1 독립선언서는 특히 당시 교인의 수나 영향력에 있어 지금보다 훨씬 더 미약했던 한국교회 지도자들이 민족대표 33인의 주축이 되어 채택했으며, 교회를 중심으로 전개된 독립운동의 정신적 기초와 방향을 제시했다. 그러므로 이 독립선언서가 진술하고 있는 성경적 민족 이해와 민족을 위한 미래의 방향 제시, 그리고 이를 실현하기 위해 취해야 할 바람직한 행동 양식의 제안은 21세기 한국 사회가 다시 기억해야 할 기준으로 삼기에 어려움이 없다.[271]

물론 한국교회는 독립선언서보다 더 선명하고 확고한 기준을 가지고 있다. 그것은 하나님의 계시인 성경이다. 그 어떤 역사적 사건이나 문서들도 모두 성경의 가르침을 기준으로 삼아 평가되어야 한다. 위에서 살핀 성경적 민족주의의 기준에 따라 평가할 때 3·1 독립선언서와 만세 운동은 근대 역사 가운데 찾아보기 어려운 성경의 가르침에 충실한 민족주의 운동이었다고 말할 수 있다. 성경의 가르침을 절대 불변의 진리로 고백한다면 한국교회 성도들은 100년 전 우리의 선조들과 마찬가지로 성경적 민족 이해를 재확인하고 겸손과 순종 그리고 회개로써 진정한 '민족복음화'를 추구해야 할 영적인 사명을 다시 다짐해야 한다. 이것이 역사의 주권자 하나님께서 21세기 이 땅에 우리를 보내시면서 부여하신 시대적 소명이기 때문이다.

화성시
3·1운동 정신과
코로나바이러스
극복을 위한
정신과 실제

권순웅(총신신대원 초빙교수, 주다산교회 담임목사)

Ⅰ.
화성시 3·1운동 정신

이지훈은 자신의 책, 『혼창통』에서 수많은 초일류기업의 CEO, 경제경영 석학들을 심층 취재해 그들의 이야기에서 일관된 메시지와 키워드를 발견한다. 그는 모든 성공과 성취의 비결에는 혼(魂). 창(創). 통(通)이 있음을 살피고 이와 관련된 강력한 통찰과 실천적이면서도 종합적인 해법들을 제시한다. 이지훈은 특히 '혼'은 위기의 시대에 최고의 운영원리라고 했다. 혼이 있는 조직은 난관을 돌파하는 추진력을 만든다고 한다.[272] 기업뿐 아니라 국가나 지역사회도 마찬가지이다.

지금 전 세계는 코로나19로 몸살을 앓고 있다. 우리나라도 예외는 아니다. 특별히 화성시도 코로나19로 인해 매년 개최되는 화성시 기독교연합회 주최 3·1운동 콘서트와 심포지엄을 연기했다. 이 활동은 3·1운동 정신을 되살려 건강한 시민정신과 의식을 고양하기 위한 자리였다.

　화성의 3·1운동 정신은 다음과 같다.[273]

> 화성 송산, 사강 지역에 홍면옥이라는 사람이 있었다. 그는 「매일신보」의 기사를 보고 다른 지역에서 3·1운동이 일어나는 것을 알게 되었다. 이에 홍면옥도 동참하였고 만세운동은 천여 명에 이르게 되었다. 들풀처럼 일어나는 만세운동에 당황한 노구치 순사부장은 해산을 명령했다. 총기가 발사되는 등 큰 충돌이 벌어졌고 홍면옥은 부상을 당하였다. 더 강력하게 제압하기 위해 일제는 화성시 제암리교회에 불을 질렀다.[274]

　일제의 만행은 멈추지 않았지만 만세운동의 움직임도 멈추지 않았다. 화성 3·1운동은 불의에 대한 항거 정신이다. 지역주민의 단합과 일치된 정신을 볼 수 있다. 교회가 중심적으로 역할을 한 경천애인(敬天愛人) 정신이었다. 이는 마태복음에 기록된 하나님의 뜻이다. "하나님을 사랑하고 네 이웃을 사랑하라(마 22:37-39)." 또한 이는 주권재민(主權在民) 정신이다. 이는 사도행전 17장 27절의 말씀으로 적용할 수 있다. "인류의 모든 족속을 한 혈통으로 만드사 온 땅에 살게 하시고 그들의 연대를 정하시며 거주의 경계를 한정하셨으니(행

17:27)." 즉, 영역 주권 사상으로서 하나님의 주권으로 민족과 지역을 허락하신 것이다.

3·1운동 정신을 코로나바이러스를 극복하는 시민 정신으로 적용하고자 한다. 미국 대통령 우드로 윌슨이 주창한 '민족자결주의 원칙'에 영향을 받은 3·1운동은 일제의 무단정치와 경제침략을 반대했다. 3·1운동은 고종의 승하에 시민적 통분과 그의 독살사망설로 인한 민족 울분의 폭발한 사건이다. 한국 개신교는 3·1운동에 적극적으로 참여했다. 최남선이 작성한 독립선언서에 기독교 지도자 16인을 포함하여 33명의 민족대표가 서명, 날인 함으로써 당시 1%밖에 안 되던 교회와 기독교인들에게 큰 영향을 주었다.

II.
프랭크 스코필드의 3·1운동 정신

캐나다 장로회 소속 선교사인 스코필드 박사는 세브란스 의학전문학교 교수로 한국에 왔다. 그는 1919년 3·1운동 시위장면을 사진에 담아 해외에 알렸다. 특히 화성시 제암리, 수촌리 마을 학살현장을 직접 방문한 후 보고서를 작성해 해외 선교대회 등 여러 방면으로 전했다. 그래서 어떤 이들은 스코필드를 3·1운동의 민족대표 33인에 외국인 한 명을 더하여 민족대표 34인이라고 부르기도 한다. 화성시 3·1운동 정신에는 스코필드의 3·1운동 정신을 빼놓을 수 없다. 스코필드의 3·1운동 정신은 다음과 같다.

하나로 뭉친 연대의 정신

스코필드가 삼일절 50돌을 맞아 기고한 「동아일보」 특별기고문이다.

> "일주일 혹은 열흘 내에 고등교육을 받은 사람이든 무식한 사람이든 거의 모든 시민이 다 같이 어떤 형태로든 항거했다는 사실은 중요한 것이다. 그 좋은 예의 하나로 종로의 가게들이 5일 동안 모두 문을 닫았던 것은 시위한 참여한 셈이었다. 가게 문을 열라고 명령을 받았다. 그러나 이들은 이 명령을 거부했다. 일경이 강요하면 여는 척하다가 다시 닫았다."[275]

스코필드의 3·1운동 정신은 연대의 정신이었다. 우리의 역사는 분열의 역사라고 해도 과언이 아니다. 삼국시대는 삼국의 분열이었다. 조선 시대는 4색 당파의 분열이었다. 그러니 힘을 뭉칠 수 없었다. 그런데 일제 침입하에서는 하나가 되어 뭉쳤다. 그것이 바로 3·1운동이다. 스코필드는 그것을 목격했고, 증언하고 있다.

자유 대한민국의 정신

스코필드는 「조선일보」에 이런 기고를 했다.

"1919년 3월 1일 '파고다 공원'에서 선포된 한국의 독립선언은 진정한 한국의 재생을 구하는 것이다. 10년간의 일본 동화정책은 한국인으로 자유로운 독립국에서 다시 살 수 있는 희망, 즉 다른 사람과 같이 그들 속에 잠재하는 창조력을 자유로이 키우며 살아갈 수 있는 희망을 몽땅 빼앗아 버렸다. 그러나 한국인 중에는 혹독한 고통과 부정 앞에서도 그 신념이 절대로 꺾이지 않는 사람들이 여럿 있었다. 독립선언서에 서명한 33명이다. 3월 1일이 되면 자기 일신의 안전을 하찮게 여기며 압제자들의 폭력에 대항하여 신념으로 자유와 독립을 선언한 당시의 남녀노소에게 고마운 마음을 금할 수 없다. 그들의 대부분은 해방을 보지 못하고 세상을 떠났으나 우리는 지금 그들이 생사를 걸고 싸운 자유를 물려받아 살고 있다."[276]

스코필드는 일제의 만행으로 조선의 봉건왕조가 무너졌으나 일제의 지배를 거부하는 민중들의 순수한 자유독립의식으로 3·1만세운동이 일어났다고 보았다. 이는 자유민주주의의 초석을 놓은 자유 대한민국의 정신이라고 하였다.

불의에 대한 저항정신

스코필드는 3·1운동 정신을 불의에 대한 저항정신으로 표현했다. 그는 1963년 2월 25일 「동아일보」에 이렇게 기고했다.

3·1운동정신과 코로나극복

"1919년 3월 초하루는 33인의 애국자들이 횡포한 일본 정치에 저항운동을 시작한 날이므로 한국의 역사에 길이 남을 뜻깊은 날이었다. 위대한 자유의 대가는 감옥이 아니면 폐허, 또는 죽음 그것이었다. 그러나 겉으로는 실패했지만, 국민은 정신적인 승리를 쟁취했다. 일본 제국주의 정책은 계속 유지할 수 있었을지 모르나 주권 박탈이나 자국의 동화란 이미 하나의 공염불이 되고 말았다."[277]

희망과 비전의 정신

스코필드는 3·1운동을 목도하면서 증언했다.

"맨주먹으로 용감하게 그들의 몸도 돌보지 않고 완강한 제국주의의 권위에 항거하여 자유를 요구하며 일어선 많은 군중을 본 그때의 광경은 나에게는 참으로 잊을 수 없는 눈부신 광경이었습니다. 그들은 자유가 자기들 눈물의 결정이며 모든 수난 끝에는 기필코 독립이 오리라고 굳게 믿었습니다."[278]

스코필드는 3·1운동에서 희망과 비전의 정신을 보았다. 그는 이러한 희망과 비전의 끈이 이어지도록 노력했다. 학생들을 가르치며 그들이 맡은 곳에서 책임을 다할 수 있도록 지지했다. 또한 성경공부반을 만들어 미래의 인재를 키우고 꿈과 비전을 심어주었다.

고난을 이겨내는 인내의 정신

이스라엘에 야드 바솀이라는 홀로코스트 박물관이 있다. 야드 바솀은 나치 대학살을 기억하고 추모하는 곳이다. 야드는 '기억'을, 바솀은 '이름'을 뜻하는 히브리어다. 이곳에는 200만 명이 넘는 희생자 개개인의 이름과 나이, 사망 일자 같은 기본 인적사항은 물론 수용소 명칭과 수인번호, 심지어 수용소로 끌려갈 때 타고 간 열차 번호까지 방대한 데이터베이스가 구축돼 있다. 추적 가능한 모든 정보를 수록해 기억하자는 취지다. "내가 이름을 주어 영원히 기억하게 하리라."는 구약성서의 구절에서 유래했다. 이 작업에는 오랜 시간과 노력이 들었고 수많은 물질이 사용되었다.

스코필드도 제암리 학살 만행 보고서를 썼다. 그는 보고서를 마치면서 다음과 같이 기록했다.

> "군인들과 경찰들이 그들의 잔인한 행동의 배후에 있다는 것을 알았다. 이 범죄에는 이유가 있었다. 일본 헌병은 무방비한 한국인 군중에게 사격하여 한 명이 죽고 다른 한 명이 다친 후에 살해되었다. 이에 군중들이 분노하여 강력한 저항이 일어났다. 개인적으로 그 이유는 두 가지라고 생각한다. ① 헌병의 죽음 ② 기독교에 대한 극심한 증오이다."[279]

3·1운동 정신은 고난을 기억하고 이겨내는 정신이다. 스코필드는 3·1운동을 기억하고 되새기길 원했다. 그는 3·1운동 정신을 정리

하며 이를 실천했다. 3·1운동 정신은 첫째, 하나로 뭉친 연대의 정신, 둘째, 자유 대한민국의 정신, 셋째, 불의에 대한 저항정신, 넷째, 희망과 비전의 정신, 다섯째, 고난을 이겨내는 인내의 정신이다.

스코필드는 3·1운동 정신을 기독교 세계관에서 파악했고 공유했다. 사실 3·1운동은 많은 부분 교회와 기독교학교에서 담당했다. 이런 상황을 이해한다면 스코필드 박사의 3·1운동 정신과 기독교 세계관을 이해할 수 있을 것이다. 1965년 4월 「대학신문」에 기고한 글에서 그는 제2의 조국인 한국을 찾아온 이유를 다음과 같이 밝혔다.

"나는 왜 돌아왔나? 첫째로 나는 크리스천입니다. 진정한 신앙에 살려는 사람은 자기의 친구에 대한 의무감보다 안락을 중히 여길 수 없고, 화려한 생활을 즐길 수는 없을 것입니다. 더욱이 그 친구들이 곤경 속에서 헤어나지 못할 때는 이 점을 더욱 깊이 생각하게 될 것입니다."

스코필드는 성경적 세계관의 중심인 하나님 사랑, 이웃 사랑을 실천한 것이다.

Ⅲ.
3·1운동 정신과 코로나바이러스 극복

실존주의 소설가 알베르 카뮈가 쓴 『페스트』는 코로나19로 신음하고 있는 현대인에게 많은 메시지를 준다. 성자는 아니지만, 최선을 다해 성실하게 치료하는 리유는 헌신이라는 메시지를 전한다. 그뿐 아니라, 신문기자 랑베르, 타루, 그랑, 파늘루 등은 연대했다. 그들이 연대했을 때, 페스트는 사라졌다. 마녀사냥으로 전염병의 책임을 서로에게 물었을 당시에는 떠나지 않았다.

3·1운동 정신은 연대 정신이다. 오늘날 코로나 시대에도 하나로 뭉쳐야 한다. 의료계, 시민 사회, 정치인, 경제인, 교육계, 종교계가 연대해야 한다. 교회는 하나님 사랑, 이웃 사랑의 정신적 지주가 되어야 한다.

3·1운동 정신은 불의에 대한 저항정신이다. 전염병에 대한 저항이자, 병으로 인한 부조리한 사회에 대해 사랑으로 저항하는 것이다. 이 저항정신이 전염병을 이기는 동력이 된다. 코로나19로 병으로 인한 어려움, 경제사회의 붕괴, 가정과 교육의 비정상적 상황, 사회 심리의 단절, 자유 시민의 통제와 억압 등 이루 말할 수 없는 고통이 만연해있다. 그것에 진실과 사랑으로 저항하는 정신인 것이다. 이것이 에너지가 되어 코로나를 극복하는 동력이 될 것이다.

3·1운동 정신은 희망과 비전의 정신이다. 3·1운동 시대는 암울했다. 일제의 치하에 자유를 박탈당하고 억압당했다. 진리를 주장하는 자들을 고문당하고 살해당했다. 이 어두운 시대에 3·1운동 정신은 희망과 비전이 되어주었다.

3·1운동 정신은 고난을 이겨내는 인내의 정신이다. 리더십에 있어서 중요한 요소 중 하나는 리더의 역경지수라고 할 수 있다. 우리 민족은 3·1운동 정신을 통해 절망 가운데 소망을 가지는 역경지수가

높다. 코로나19를 대처할 때, 3·1운동 정신인 희망과 비전이 정신세계에 녹아 있다면, 머지않아 코로나 19를 극복할 것이다. 더 나아가 이 정신을 통해 대한민국은 전 세계적으로도 코로나바이러스를 극복하고 국제사회를 선도할 기회가 될 수 있을 것이다.

마지막으로, 3·1운동 정신의 바탕은 기독교 세계관이다. 3·1운동 배경에 참가한 33인 중 16인의 그리스도인, 34인으로 일컫는 스코필드 선교사, 그리고 3·1운동에 참여한 수많은 교회와 기독학교는 무엇부터 했을까? 바로, 하나님께 기도했다. "수고하고 무거운 짐 진 자들은 내게로 오라"(마 11:28)는 성경 말씀처럼, 예수님은 전염병에 신음하고 눌려있는 오늘 이 시대의 사람들을 위로하신다. 3·1운동의 연대는 기독 정신이 바탕이다. 믿음, 소망, 사랑 중에 사랑이 제일이다. 섬기는 자가 큰 자라는 기독교 세계관은 3·1운동 정신에 근간이 되었고, 코로나 시대에 극복을 위한 힘이 될 것이다.

IV.
지역 코로나19 극복 사례

코로나19와 GMS 총회세계선교회

화성시 팔탄면 월문길에 있는 총회세계선교회(GMS)는 대한예수교장로회(합동) 총회의 선교 사업을 위임받은 교단 선교단체다. 이곳에서는 선교사 선발과 훈련, 파송과 관리, 미래 선교 전략 구축 등 교단 내 한국 교회의 선교에 관한 모든 사업을 수행하고 있다.

2019년 말, 중국에서 시작된 코로나19는 세계선교 사역에도 지대한 영향을 미쳤다. 이에 총회세계선교회(GMS) 본부에서는 위기관리원으로 하여금 상황을 예의주시하고, 초동 대처를 했다. 이후 상황이 예사롭지 않다는 것을 인지하고 지난 2020년 4월 1일 '코로나바이러스 긴급 재난 대책 상황실'을 설치했다. 상황팀은 실무자 회의(1일 1회 이상)와 본부 연계 확대 회의(1주 1회 이상)를 통해 위기 상황 대처를 위한 주요 사안을 논의하고 결정하여 집행했다.

'코로나바이러스 긴급 재난 대책 상황실'은 5S 원리를 통해 가장 먼저 다뤄야 할 문제에 대한 분석과 대안을 정확하게 진단했다. 5S는 섬김의 정신(Spirit), 지혜로운 대응(Smart), 신속한 대처(Speed), 간결한 결정구조(Slim), 감사와 미소로 대응(Smile)이다. 5S 원리로 위기의 상황을 하나님의 뜻을 따라 철저하게 분석하고 신속하면서도 명쾌한 대안을 마련하는 프로세스를 구축하고자 했다. 그러면서도 결코 웃음을 잃지 않는 협력 체제 속에서 직면한 문제를 차근차근 풀어갈 것을 기대했다. 상황팀은 선교사들과 MK들의 귀국 여부를 주도적으로 확인하고, 300여 명이 머물 숙소를 확보, 점검, 배치하는 일을 시의적절하게 했다.

상황팀은 교단과 지교회, 언론과 선교계 등과 관련된 지속적인 대외 업무를 성실히 수행해 코로나19 상황에 대한 철저한 정보 수집과 분석, 적절한 보도와 자료 제공 등이 순조롭게 이루어지도록 했다. 이를 위해 선교지 상황에 대한 분석, 기도 편지 발송, 세계 확진자 추이 확인, 각계 전문가의 견해 청취, 한국정부의 입장과 WHO의 발표 등 국가별 봉쇄와 입국 제한 등에 관해서 70여 일 동안 면밀하게 분석하고 자료를 수집해 나갔다. 이 모든 일은 하나님의 지상 명령인 선교 사역을 지속하기 위해서다. 선교란, 하나님을 사랑하며, 그분의 은혜의 복음을 뭇사람들에게 전하는 것이다. 여기에는 하나님의 부르심을 받은 자가 사람의 뜻이 아닌 하나님의 뜻을 따른다는 소명이 전제한다. 즉, 인류를 사랑하신 하나님 은혜의 역사를 기대하는 경천애인이다.

화성시 한림대학교 동탄성심병원

한림대학교 동탄성심병원은 JCI(국제의료기관 평가위원회) 인증 수준의 감염관리팀을 중심으로 상시 국내외 감염병 동향을 모니터링하며, 선별진료소를 운영하여 감염병 예방에 앞장서고 있다. 또한 코로나19에 대응하여 병원의 전 구역을 매일 방역, 소독한다. 병원을 출입할 때, 문진표를 작성하고 체온을 확인하고 손소독을 한다. 병원 외부에 선별진료소를 운영하여 원내로 의심환자가 유입되지 않도록 원천차단하고 있다. 그 외 병동도 입원 전 코로나바이러스 검사(PCR)를 실시하고 있다. 호흡기 환자 입원병실을 일반 병동과 완벽히 분리하여 운영하고 있다. 그리고 폐렴 환자 전용 음압격리병실을 운영하면서 보건복지부지정 국가 안심 병원으로 선정되었다.

한림대학교 동탄성심병원은 코로나19 상황 속에서도 묵묵히 지역 건강지킴이 역할을 하고 있다. 코로나19가 기승이었던 2020년 여름에도 감염 위험을 무릅쓰고 생체 간 이식 및 응급환자 수술을 하기도 했다. 1월부터 현재까지 20,548명의 시민이 본원 선별진료소에서 검사를 받았다. 한림대학교 동탄성심병원은 화성시의 든든한 건강 파수꾼으로서 지역주민들의 건강과 행복을 위해 최선을 다하고 있다.

한림대학교 동탄성심병원은 세계 인류의 행복을 추구하며, 국민 보건의료의 주춧돌 역할을 통해 사랑과 평등의 의료실천을 경영방침으로 세우고 있다. 이를 위해 사회적 약자를 생각하고, 도움이 필요한 곳에 먼저 손길을 내미는 등 선도적 사회공헌활동을 실천하고 있다.

사나래봉사단은 2013년부터 지역 복지 향상과 사회공헌에 앞장서고 있다. 해마다 '사랑의 한 끼 나눔' 행사를 통해 복지기금을 마련한다. 이 기금은 교육재단 장학금, 희귀성 난치질환 치료비 지원, 명절 사랑의 물품 나누기 행사로 사용되었다. 현재까지 총 1억5천만 원 정도를 기부했다. 또한 지역 내 축제나 행사가 있을 때는 자발적으로 의료 소외계층을 위해 이동 진료를 했다. 현재까지 69회 실시해 총 6,300여 명이 의료 복지 혜택을 받았다.

2019년 1월 23일에는 최고난도의 척추 수술인 기형교정술 및 고정술에 성공했다. 아프리카 마다가스카르의 나린드라는 6살 때부터 결핵성 척추염으로 척추가 휘기 시작했지만 제대로 된 치료를 받지 못했다. 그러던 중 해외 봉사 활동에 참여하던 신경외과 최일 교수(한림대동탄성심병원)와 정형외과 김용정 교수(뉴욕 프레스비테리언 병원)가 현지에서 수술 도움을 요청받아 흔쾌히 수락했다. 한림대학교 동탄성심병원은 수술비 6,000만 원도 선뜻 지원했다. 나린드라는 성공적인 수술을 받고 고국으로 돌아가 그곳에서 빠르게 회복 중이라고 안부를 전해 왔다. 나린드라는 여느 아이처럼 밝은 미소를 되찾았다. 나린드라에게 꿈과 희망을 선물한 것이다.

2019년 12월 한림대학교 동탄성심병원에서 실시한 베스트 프랙티스(Best Practice) 경진대회에서 우수상을 수상한 외과 김종완 교수와 팀원(이하 SPOVA팀)이 상금 100만 원을 저소득가정의 치료비 지원으로 기탁했다. 이 일은 MBC "라디오 시대"에 소개되기도 했다. 최근에는 호흡기 알레르기 내과 환자 A씨(60세)님의 약제비로 후원금을 전달하기도 했다. A씨는 고등학생과 중학생을 키우고 있는 한부모 가정 가장으로, 중증 천식으로 오랫동안 스테로이드제 치료를 받아 왔다. 그러나 점차 효과가 적고 부작용이 심해 최근에는 입원 치료를 반복해 왔다.

한림대학교 동탐성심병원의 지역사회와 이웃을 향한 사랑 실천은 성심(誠心)이자 성심(聖心)에서 비롯되었다는 점에서 3·1운동의 배경 정신인 경천애인 사상과 함께한다고 할 수 있다.

대한예수교장로회 주다산교회

화성시 관내의 주다산교회는 3·1운동 정신인 하나로 뭉친 연대, 자유 대한민국 정신, 불의에 대한 저항정신, 희망과 비전의 정신, 고난을 이겨내는 인내의 정신, 기독교 세계관 정신을 두 가지로 적용했다.

첫째, 코로나19로 고통받는 이웃을 돕고 섬겼다. 코로나19가 최초로 발흥이 되었던 대구 경북지역에 2,000만 원, 평서노회에 500만 원, 선교단체에 1,000만 원을 지원했다. 또한, '코로나 블루'로 힘들어하는 화성시 지역의 이웃을 돕기 위한 '전화상담실'를 운영 중이다. 지역 상가 돕기 운동으로 축복의 멤버십 제도를 만들어 교회 교인들과 링크해주고, 유튜브 실시간 방송을 통해 이웃 주민을 격려하며, 코로나바이러스로 위축된 시민들을 정신적으로 도왔다. 추석 명절에 진행한 '옹 Prayer 쇼' 등도 그 예다.[280]

둘째, 5천여 명의 성도(주일학교 학생 포함)를 코로나19로부터 지켰다. 지난 2020년 8월 14일 새벽예배에 확진자가 다녀갔다는 화성시 보건 당국의 전화를 받았다. 확진 사례를 뉴스로만 접하다가 현실로 직면해 보니, 위기감은 상당했다. 보건 당국은 확진자의 동선이 겹쳤다는 이유로 교회의 시설 이용 중지와 집합제한 명령을 내렸다. 확진자가 다녀간 당일에 참석했던 성도 전원이 코로나19 감염 여부 검사를 받았다. 지난 2월 이후로 이미 몇 번의 선제적 교회 시설 사용 중지와 비대면 사역을 위한 다양한 콘텐츠 개발, 그리고 철저한 생활 수칙 준수와 제한적 출입, 통제 등 방역을 위해 할 수 있는 최선을 다해왔던 터라 당혹감은 매우 컸다. 한편으로는 감염 사태에 대한 인간의 연약함과 한계를 실감했고 하나님께 더 의지해야 함을 깨달았다. 아이러니하게도 하나님께서 이번 사태를 통해 위기의 상황에 대한 새로운 시각과 특별한 그 무엇을 위한 기회를 주실 거라는 막연한 기대감도 생겼다.

전 세계가 바이러스 감염 사태를 겪고 있는 지금, 교회가 감당해야 할 시대적 사명이 무엇이며, 코로나19 시대에 지역과 사회를 향해 그리스도인이 취해야 할 마음의 자세와 시각은 과연 어떠해야 하는지 돌아보는 일은 매우 중요하다. 서로 책임을 전가하며 원망하기 쉽게 만드는 위기 속에서도, 하나님 사랑과 이웃 사랑이라는 그리스도인의 본분을 기억하게 했다. 그리고 이를 위한 다짐과 실제적인 실천 과제가 무엇인지를 찾게 되었다.

그래서 교회를 향한 지역사회의 이유 없는 비난과 질책을 고스란히 받아 안기로 했다. 그리고 성도뿐 아니라, 교회 주변 주민들의 안위를 위해 더 기도하기로 작정했다. 교회에서 예배하지 못하면, 교인의 상가를 빌려서 온라인을 통해 모든 성도가 함께 기도하기에 힘썼다. 그리고 보건 당국을 도와 능동 감시대상의 역학조사에도 적극적으로 협력했다. 결국, 하나님의 도우심 가운데, 검사를 받은 성도 429명 전원이 음성 판정을 받았다. 하나님을 경외하며 서로를 사랑하는 그리스도인으로서의 신앙 실천을 기뻐하신 하나님의 인도하심이다.

그렇다. 어려움 중에도 서로를 살피며 위로하고 격려한다는 것은, 신앙공동체가 갖는 특별한 은혜이다. 또한 흩어지려고만 하는 시대에서 영적인 연합으로 결속되는 보이지 않는 역동성임이 틀림없다.

V.
3·1운동 정신이
코로나 극복의 힘이 되기를

코로나19가 전 세계를 덮쳤다. 코로나19로 팬더믹(pandemic)을 넘어 패닉(panic)이 되었다. 코로나19가 처음 시작되었을 때, 비포(before) 코로나와 애프터(after) 코로나를 이야기했었다. 그러다가 어느 순간 위드(with) 코로나라고 부르고 있다.

코로나에 대한 효과적인 대응이 무엇인가? 그것은 첫째, 국가의 강력한 통제다. 둘째, 자유와 인권을 존중하는 사회로서 적절하게 대응해야 한다. 셋째, 한국과 같이 강력한 통제수단에 정보화 시스템과 성실한 의료진을 배치하여 대응해야 한다.

한국은 코로나19에 대해서 비교적 선방한 국가로 지목을 받고 있다. 하지만 대한민국의 코로나19 대응에서 아쉬운 점도 있다. 바로 코로나19를 극복하는 국민정신이 빠졌다는 것이다. 이것은 대한민국뿐 아니라 전 세계가 마찬가지다. 문학가 카뮈는 『패스트』에서 전염병을 극복할 정신에 대해 언급하고 메시지를 전했다. "하나 되는 연대의식"과 "헌신"이다.

이 글은 3·1운동의 34인 중 한 명이라고 일컫는 스코필드 박사를 통해 3·1운동 정신을 조명했다. 하나로 뭉친 연대의 정신, 자유 대한민국의 정신, 불의에 대한 저항정신, 희망과 비전의 정신, 고난을 이겨내는 인내의 정신으로 정리했다. 그리고 코로나19를 극복하고 있는 선교단체 GMS와 동탄성심병원, 주다산교회의 실천사례를 살펴보았다.

영혼이 없는 몸은 죽은 몸이다. 정신과 실제가 함께 갈 때, 능력이 된다. 3·1운동 정신은 죽지 않았다. 살아있는 정신이다. 화석화되고 형식화될 수 없다. 지금도 우리에게 메시지를 준다. 특히 기독교 세계관인 하나님 사랑, 이웃 사랑의 정신과 실천이 담겨 있다. 이 귀한 정신이 코로나 극복을 위해 몸을 만드는 영혼으로 사용되기를 바라며 축복한다.

3·1운동을 전수조사했던 임희국 교수는 "3·1운동 이후 3·1운동 정신으로 한국 교회는 질병 퇴치 운동을 했다."라고 밝혔다.[281] 바로 그것이 3·1운동 정신과 실천의 귀한 사례이고 교훈이라는 것을 알리며 이 글을 맺는다.

3·1운동, 한국교회 그리고 대의명분

01 제임스 화이트, 『종교 없음』, 김일우 역 (서울: 베가북스, 2014), 168.

02 로드니 스타크, 『기독교의 발흥』, 손현선 역 (서울: 좋은씨앗, 2020), 221-242.

03 앨런 허쉬, 『잊혀진 교회의 길』, 오찬규 역 (서울: 아르카, 2020), 53.

04 앨런 크라이더, 『초대교회에 길을 묻다』, 홍현민 역 (서울: 하늘씨앗, 2020), 41.

05 로드니 스타크, 『기독교의 발흥』, 115-116.

06 로드니 스타크, 『기독교의 발흥』, 128.

07 바트 어만, 『기독교는 어떻게 승자가 되었나』, 허형은 역 (서울: 갈라파고스, 2019), 202.

08 바트 어만, 『기독교는 어떻게 승자가 되었나』, 200-207.

09 라영환, "교회의 본질과 사명, 코로나가 묻고 교회가 답하다", 『포스트 코로나와 한국교회』, (서울: 세움북스, 2020), 106.

10 Mathetes, The Epistle of Mathees to Diognetus (Pickerington, OH: Beloved Publishing Llc, 2016), 4. "For the Christians are distinguished from other men neither by country, nor language, nor the customs which they observe. For they neither inhabit cities of their own, nor employ a peculiar form of speech, nor lead a life which is marked out by any singularity. The course of conduct which they follow has not been devised by any speculation or deliberation of inquisitive men; nor do they, like some, proclaim themselves the advocates of any merely human doctrines. But, inhabiting Greek as well as barbarian cities, according as the lot of each of them has determined, and following the customs of the natives in respect to clothing, food, and the rest of their ordinary conduct, they display to us their wonderful and confessedly striking method of life. They dwell in their own countries, but simply as sojourners. As citizens, they share in all things with others, and yet endure all things as if foreigners. Every foreign land is to them as their native country, and every land of their birth as a land of strangers. They marry, as do all [others]; they beget children; but they do not destroy their offspring. They have a common table, but not a common bed. They are in the flesh, but they do not live after the flesh. They pass their days on earth, but they are citizens of heaven. They obey the prescribed laws, and at the same time surpass the laws by their lives. They love all men, and are persecuted by all. They are unknown and condemned; they are put to death, and restored to life. They are poor, yet make many rich; they are in lack of all things, and yet abound in all; they are dishonoured, and yet in their very dishonour are glorified. They are evil spoken of, and yet are justified; they are reviled, and bless; they are insulted, and repay the insult with honour; they do good, yet are punished as evil-doers. When punished, they rejoice as if quickened into life; they are assailed by the Jews as foreigners, and are persecuted by the Greeks; yet those who hate them are unable to assign any reason for their hatred."

11 코넬리우스 반틸, 『변증학』, 신국원 역 (서울: 부흥과 개혁사, 2012), 125-149.

12 이 단락에 해당하는 글 일부는 라영환, "경제 윤리적 관점에서 바라본 부흥 운동", 『기독교윤리학회 논총』 제9집 (2007), 101-121에서 다루어졌음을 밝힌다.

13 박용규, 『한국기독교회사』, (서울: 생명의말씀사, 2004), 299.

14 박용규, 『한국기독교회사』, 362.

15 박용규, 『한국기독교회사』, 818.

16 Lillias H. Underwood, Fifteen Years Among the Top-Knots or Life in Korea (New York: American Trust Society, 1904), 232-236

17 서정민, "평안도 지역 기독교사의 개관", 한국 기독교 역사 연구소 (편), 『한국기독교와 역사』 제3호 (서울: 기독교문사, 1994), 8.

18 전경도, "개신교의 전래가 한국의 근대자본주의 형성과 경제활동에 미친 영향" (서울: 연세대학교 연합신학대학원 석사학위 논문, 1996) 32

19 김석호, 『한국 인물사』 제4권 (서울: 박우사, 1963), 329.

20 박용규, 『한국기독교회사』, 819.

21 Roy E. Shearer, Wildfire: Church Growth in Korea (Grand Rapids, Michigan: Eerdmans, 1966), 49-50.

22 Horace N. Allen, Things Korean: A Collection of Sketches and Anecdotes Missionary and Diplomatic (New York: Fleming H. Revell Co., 1908), 171.

23 차개명, 『대한예수교장로회사기』, (서울: 조선기독교창문사, 1928), 102.

24 이만열, "남강 이승훈의 신앙", 『남강 이승훈과 민족운동』, 남강문화재단(편), (서울: 남강문화재단출판부, 1988), 306.

25 이교헌, 『남강 이승훈의 생애와 정신』, (서울: 남강문화재단, 201), 15.

26 조기준, "남강 이승훈 선생의 기업활동", 『남강 이승훈과 민족운동』, 56.

27 조기준, "남강 이승훈 선생의 기업활동", 『남강 이승훈과 민족운동』, 70-76.

28 김기석, 『남강 이승훈』, (서울: 현대교육서적출판사, 1964), 26.

29 조기준, "남강 이승훈 선생의 기업활동", 『남강 이승훈과 민족운동』, 58.

30 조기준, "남강 이승훈 선생의 기업활동", 『남강 이승훈과 민족운동』, 67.

31 조기준, "남강 이승훈 선생의 기업활동", 『남강 이승훈과 민족운동』, 72.

32 이교헌, 『남강 이승훈의 생애와 정신』, 40.

33 함석헌, "남강 이승훈의 생애", 『남강 이승훈과 민족운동』, 30.

34 이교헌, 『남강 이승훈의 생애와 정신』, 26.

35 함석헌, "남강 이승훈의 생애", 『남강 이승훈과 민족운동』, 36.

36 국사편찬위원회, "대한신민회통용장정", 『한국독립운동사』 자료.1, 1028.

37 한국기독교연구사회, 『한국독립운동사』, (서울: 기독교문사, 1990), 301.

38 웅변구락부 (편), 『도산 안창호 웅변전집』제2권 (서울: 웅변구락부출판부, 1950), 25.

39 이만열, "남강 이승훈의 신앙", 『남강 이승훈과 민족운동』, 304.

40 김기석, 『남강 이승훈』, 299-300.

41 이만열, "남강 이승훈의 신앙", 『남강 이승훈과 민족운동』, 306.

42 이찬갑, "남강은 신앙이 사람이다", 『산 믿음이 새 생활』, (서울: 시골문화사, 1983), 232.

43 이만열, "남강 이승훈의 신앙", 『남강 이승훈과 민족운동』, 334.

44 함석헌, "남강 이승훈의 생애", 『남강 이승훈과 민족운동』, 39-40.

45 나부열 선교사는 1910년 12월 오산학교의 교장으로 취임했다.

46 함석헌, "남강 이승훈의 생애", 『남강 이승훈과 민족운동』, 41.

47 이교헌, 『남강 이승훈의 생애와 정신』, 28.

48 김형석, "3.1운동과 남강 이승훈", 『남강 이승훈과 민족운동』, 222.

49 김형석, "3.1운동과 남강 이승훈", 『남강 이승훈과 민족운동』, 225.

50 이교헌, 『남강 이승훈의 생애와 정신』, 133.

51 김기석, 『남강 이승훈전』 (서울: 현대교육출판사, 1964), 200.

52 「동아일보」 1922년 7월 22일자. 이만열, "남강 이승훈의 신앙", 『남강 이승훈과 민족운동』, 325에서 재인용.

53 이교헌, 『남강 이승훈의 생애와 정신』, 29.

54 이교헌, 『남강 이승훈의 생애와 정신』, 53-54.

55 이교헌, 『남강 이승훈의 생애와 정신』, 54-55.

56 윤경로, 『105인 사건과 신민회 연구』, (서울: 일지사, 1990), 278.

57 조기준, "남강 이승훈 선생의 기업활동", 73.

58 김기석, 『남강 이승훈』, 83.

59 이승훈의 이상촌운동에 대해서는, 서광일, "1920년대 사회운동과 남강", 남강문화재단(편), 『남강 이승훈과 민족운동』, (서울: 남강문화재단출판부, 1988), 243, 282-287을 보라.

60 서광일, "1920년대 사화운동과 남강", 『남강 이승훈과 민족운동』, 283.

61 서광일, "1920년대 사화운동과 남강", 『남강 이승훈과 민족운동』, 285.

62 이교헌, 『남강 이승훈의 생애와 정신』, 91.

63 C.S. Lewis, *The Weight of Glory* (London: William Collins, 2013), 49.

코로나19 재난을 극복하기 위한 3·1운동 정신

64 이 글은 저자가 전술(前述)한 여러 논문을 종합해서 작성한 것이다. 이에, 전술한 논문들이 이 글에 도입되는 내용이 있기에 미리 양해를 구하고자 한다. 전술한 논문들은 장로회신학대학교 논문집 『장신논단』과 『선교와신학』에 게재되었다.

65 전국 12개 노회는 다음과 같다: 함남노회(성진, 함흥, 원산), 함북노회(용정, 회령, 청진, 경흥, 도두구, 국자가), 황해노회, 평남노회(평양, 대동군, 덕천, 령원, 맹산, 강동, 성천, 순천, 안주, 중화동명, 수안곡산), 평북노회, 경남노회, 경북노회, 경충노회, 의산노회(1918년 평북노회에서 분립), 전북노회, 전남노회, 산서노회. 그 당시에 경북 북부지역의 장로교회는 경북노회 지경이었다.

66 1919년 3.1운동 당시 기독교학교에 관한 통계가 장로교회 총회의 연례보고서에 수록되어 있다: 소(초등)학교 447개(남331, 여116), 소학교의 학생 14,668명(남10,715, 여3,953), 소학교 교사 685명(515명, 여170)이었다. 중학교 21개(남15, 여6), 중학교 학생 1,681명(남 1,339, 여342), 중학교 교사 129명(남91, 여38)이었다. 대학(전문대학) 학생이 65명이었다.

참고: 1916~1920년 장로교회의 기독교학교 통계표

연도	학교	소(초등)학교		소(초등)학교 학생		소(초등)학교 교사		중학교		중학교 학생		중학교 교사		대학교/학생	대학 교사	
		남	여	남	여	남	여	남	여	남	여	남	여		일선	외국
1916		398	110	11,545	4,329	548	172	11	5	1,368	532	75	32	/87	4	4
1917		397	115	13,450	4,445	599	199	13	3	1,510	321	86	20	/70	4	4
1918		397	115	12,204	5,004	599	199	13	3	1,510	321	86	14	/70	4	4
1919		331	116	10,715	3,953	515	170	15	6	1,339	342	91	38	/65	3	6
1920		392	112	13,450	4,445	542	163	13	7	748	234	38	17	/70	1	1

출처: 『조선예수교장로회 총회 회록』(1916-1920)

67 이들의 이름이 새겨진 '광주3・1만세운동'기념동상이 수피아여학교 교정에 있다.

68 송현강, "서울 지역의 기독교 3.1운동", 『기독교사상』, (2018.11), 115.

69 『계성학교 100년사』, 92.

70 미국 YMCA는 1928년 10월에 축산 과수 양계 전문가 번스(H.C. Bunce)를 파송했고, 1929년 3월에 농업 행정 전문가이자 YMCA의 지도자 클라크(F.C. Clark)를 이 위원회가 파송했다.

71 The World Mission of Christianity: Messages and Recommendations of the Enlarged Meeting of the IMC held at Jerusalem, March 24-April 18, 1928 (New York: 419 Avenue, IMC, 1928)

72 「기독신보」, (1928. 9. 19)

73 이 글은 안명준 외 『전염병과 마주한 기독교』(다함, 2020)와 안명준 외 『교회통찰: 코로나 뉴노멀 언택트 시대 교회로 살아가기』(세움북스 2020) 에 기고한 필자의 두 개의 글을 중심으로 구성되었다.

칼빈의 관점에서 본 역병과 한국교회의 3・1운동을 통한 고난 극복

74 이상규, "유럽을 깨운 루터", 「미래한국」, 2017.10.11.

75 Scott M. Manetsch, Calvin's *Company of Pastors: Pastoral Care and the Emerging Reformed Church, 1536-1609* (New York: Oxford University Press, 2013), 216.

76 윌리엄 몬터, 『칼빈의 제네바』, 신복윤 역, (수원: 합신대학원 출판부, 1967), 34-5.

77 장수민, 『개혁교회창시자 존 칼빈 신학과 목회』, (서울: 칼빈아카데미, 2008), 516.

78 헤르만 셀더르하위스, 『칼빈』, 조숭희 역, (서울: Korea,Com, 2009), 237.

79 임경근, "역사이야기 108, 제네바의 종교개혁". 「고신뉴스」, 2017.01.19.

80 허순길. 『세계교회역사이야기, 제2부 교회개혁사: 어둠 후에 빛』, (광주: 셈페르 레포르만다, 2014), 241.

81 John Calvin, *Commentary on the Book of Psalms 34:7* (Grand Rapids: Eerdmans, 1949)

82 John Calvin, *Institutes of the Christian Religion [1559]*, Translated by Ford Lewis Battles (Philadelphia: Westminster Press, 1960), I.16.9. 이후로는 Inst. 로 표기함.

83 헤르만 셀더르하위스, 『칼빈』, 195-6.

84 John Calvin, *Inst.* III.4.35.

85 헤르만 셀더르하위스, "우리는 항상 죽음을 향해 가고 있습니다", 김병훈 역, 『비텐베르크에서 도르트까지』(수원: 합신대학원출판부: 2018), 122.

86 John Calvin, *Inst.* I.17.2.

87 John Calvin, *Inst.* I.17.3-5.

88 John Calvin, *Inst*. I.17.9.

89 John Calvin, Calvin's Commentaries, *The First Epistle of Paul The Apostle to the Corinthians 13:13* (Grand Rapids: Eerdmans, 1960).

90 헤르만 셀더하위스, 『비텐베르크에서 도르트까지』, 123.

91 임종구, "칼뱅과 제네바교회 이야기 (19) 제네바교회, 이렇게 교육했다", 「기독신문」, 2017.05.25.

92 방선기, "이원론에 대해서", 「기독신문」, 2010.05.28, http://www.kidok.com/news/articleView.html?idxno=64997.

93 안명준, "한국교회의 신학적 문제점", 『한국교회의 문제점과 극복방안』, 안명준 외 (서울: 이컴비즈넷, 2006), 15-34.

94 안명준, "칼뱅과 역병", 『전염병과 마주한 기독교』, 안명준 외 (군포: 다함, 2020), 150-164.

95 이승구, "온라인 목회시 성도 입맛에 맞추는 '구매자 위주'의 목회 우려", 「기독일보」, 2020-06-26 http://kr.christianitydaily.com/articles/104940/20200626/온라인-목회시-성도-입맛에-맞추는-구매자-위주의-목회-우려.htm.

96 안명준, 『칼빈의 해석학과 신학의 유산』, (서울: CLC, 2009), 114.

97 라영환, "언택트 시대, 새로운 기회", http://www.newspower.co.kr/46689, 2020.07.14. 참고로 라영환, "교회의 본질과 사명, 코로나가 묻고 교회가 답하다," 안명준 외, 『교회통찰: 코로나 뉴노멀 언택트 시대 교회로 살아가기』 (서울: 세움북스, 2020), 109-110.

98 아브라함 반 드 베크, "교회의 정체성과 사명", 『칼빈의 해석학과 신학의 유산』, 220-221.

99 장호광, 『일상속에서 만나는 칼빈신학』, (서울: 킹덤북스, 2017), 105-176.

100 John Calvin, *Inst*, vol 2, 8, 55, ed. John T. McNeill, trans. Ford Lewis Battles (Philadelphia: Westminster, 1960). 이후로는 Inst. 로 표기함.

101 John Calvin, *Inst*., 3.7.4.

102 John Calvin, *Inst*., 3.7.4.

103 민경배, "3·1운동, 근대적 시민 출현하게 한 기독교 통해 일어나", 2019-12-17, 「크리스천투데이」, https://www.christiantoday.co.kr/news/327517

104 최재건, 삼일운동 백 주년과 한국기독교, 「코람데오닷컴」, 2018, 12, 17. http://www.kscoramdeo.com/news/articleView.html?idxno=14199. 이런 관점은 함석헌, 민경배, 이만열, 최재건, 이상규, 박용규, 이종전등이다.

105 이종전, 『한국장로교회사』, (인천: 아벨서원, 2014), 179-180

106 이상규, 『한국교회의 역사와 신학』, (서울: 생명의 양식, 2007), 160.

107 이상규, 『한국교회의 뒤안길』, (서울: 킹덤북스, 2015), 21.

108 김정준, "일제 치하 제암리교회 학살사건의 신학적 성찰", 「조직신학연구」 30 (2018): 148-179

109 김영재, 『한국교회사』, (수원: 합신대학원출판부, 2014), 217.

110 김영재, 『한국교회사』, 219.

111 이종전, 『한국장로교회사』, 183.

112 안교성, "교회와 재난: 한국교회를 중심으로", 코로나-19 회복을 위한 신학적 성찰 시리즈:4. http://www.puts.ac.kr/suggestion/seosin/seosin_20200312aks.asp.
"나라사랑으로 인한 고난입니다. 삼일독립운동 당시, 한국교회는 정신적 지도자였을 뿐 아니라 실질적인 대표적 피해집단이었습니다. 당시 교세에 비해서, 한국기독교인은 피해자의 다수를 차지했습니다. 교회는 핍박받고, 노회, 총회 등이 정상적으로 운영되지 못했으며, 총회장도 선교사 시대에서 한국기독교인 시대로 넘어온 지 이미 수 년이 되었지만 문제를 최소화하기 위하여 선교사를 다시 선출했습니다. 이렇듯 온갖 고초를 당했지만, 한국교회는 겪이지 않았습니다. 캐나다 출신 미북장로교선교사였던 게일(James Scarth Gale, 1863-1937)은 삼일독립운동으로 인하여 기독교인들이 서대문형무소를 가득 채웠을 때 기도와 찬양을 이어가는 모습을 보고, 그곳이야말로 위대한 부흥의 장소였다고 고백한 적이 있습니다. 사실 감옥을 교회요 성경학교로 바꾼 것은 한국교회의 유구한 전통입니다. 청년 이승만이 입헌군주제 문제로 투옥되었을 때도 그랬고, 신사참배 당시도 그랬으며, 한국전쟁 당시 포로수용소에서도 그랬습니다."

113 이만열, "3.1운동과 한국교회(2019년 2월 25일)," 기독교윤리실천운동, 2020-10-15. https://cemk.

org/11847/#l5 ,

"우리는 당시 3·1운동에 참여한 기독교인들의 신앙적인 행동에서 그들의 신앙과 민족사랑을 일치시
키려는 노력을 기울였던 것을 간과할 수 없다. 이미 모세·삼손·다윗·다니엘의 사적 등을 통해 이스라
엘 민족의 고난의 역사를 우리 민족의 역사와 대비하고 있던 한국인들은, 3·1운동의 만세 시위가 한창
일 때, 기독교회가 작성한「독립단 통고문」을 뿌렸다. 그 내용은 ①매일 3시에 기도하고, ②주일은 금
식하고, ③매일 성경을 읽는데, 월요일-사 10(이스라엘을 멸망시킨 아시리아에 대한 하나님의 징벌),
화요일-렘 12(유다가 멸망한 원인에 대한 설명, '하나님께서 당신의 백성을 버리셨기 때문'), 수요일-
신 28(이스라엘 백성이 다른 민족에게 침략받아 고통받게 되리라는 예언), 목요일-약 5(고난당하는 기
독교인들에게 기도와 인내를 권면), 금요일-사 59(죄 지은 백성이 회개할 때 하나님께서 구원해주신다
는 예언), 그리고 토요일-롬 8(성령이 주시는 생명, '장차 나타날 영광에 비하면 지금 우리가 겪고 있는
고통은 아무것도 아니다') 여기서 기독교회가 민족운동을 신앙고백 위에서 신앙운동과 함께
진행시킴으로써 민족과 신앙을 일치시킨 것을 보게 된다."

114 헤르만 셀더르하위스,『칼빈』, 350.

115 임경근, "역사이야기 106, 행복한 스트라스부르 생활",「고신뉴스」, 2016.12.28.

116 임종구, "칼뱅과 제네바교회 이야기 18"이렇게 구제했다,「기독신문」, 2017.05.18.

117 심창섭, "칼빈의 종교개혁과 시민사회개혁",「교갱뉴스」, 2016.05.10.

초기 한국교회의 전염병 위기에 대한 대처

118 Allen D. Clark, *Avison of Korea: The Life of Oliver R. Avison, M. D.* (Seoul: Yonsei University Press, 1979), 106.

119 『高宗實錄』高宗 32年 閏 5月 14日.

120 김학은,『루이스 헨리 세브란스 그의 생애와 시대』, (서울: 연세대학교 출판부, 2008), 42-43.

121 『고종실록』 47권, 고종 43년 4월 28일.

122 김승태, "3.1운동 시기 세브란스 외국인 선교사들의 대응: 스코필드와 에비슨을 중심으로,"「연세의사
학」 22/1 (2019), 68.

123 김승태, "3.1운동 시기 세브란스 외국인 선교사들의 대응: 스코필드와 에비슨을 중심으로," 74-75.

124 박명수, "태평양전쟁 시기 기독교인친한회(基督敎人親韓會)의 대한민국 임시정부 승인 운동,「한국독
립운동사연구」 제65집(2019), 262-263.

125 박형우.『세브란스와 한국의료의 여명』, (서울: 청년의사 ; 2006), 362.

126 Frank W. Scofield & H. C. Cynn, '*Pandemic Influenza In Korea with Special References to Its Etiology*'
Journal of American Medical Association 72/14 (1919. 4), 981-983.

127 김승태, "3.1운동 시기 세브란스 외국인 선교사들의 대응: 스코필드와 에비슨을 중심으로," 56.

128 김승태, "3.1운동 시기 세브란스 외국인 선교사들의 대응: 스코필드와 에비슨을 중심으로," 58.

129 이향, 김재현 편역, 기억과 기록을 통해 본 프랭크 스코필드 (서울: 고등신학연구원, 2016), 129.

130 김승태, "3.1운동 시기 세브란스 외국인 선교사들의 대응: 스코필드와 에비슨을 중심으로," 64.

131 김승태, "3.1운동 시기 세브란스 외국인 선교사들의 대응: 스코필드와 에비슨을 중심으로," 66.

132 이것은 그가 50년 후에 회고하면서 쓴 글이기 때문에 연도를 1년을 착각한 것으로 보인다.

133 최흥종, "구라사업 50년사 개요,"「호남신문」 1960년 3월 17일자.

134 차종순,『애양원과 손양원목사』, (여수: 애양원, 2005), 71.

135 차종순,『애양원과 손양원목사』, 71-72, 112에서 재인용.

136 차종순,『애양원과 손양원목사』, 114에서 재인용.

137 "광주나병원참관기,"「기독신보」 1916년 1월 26일.

138 차종순,『애양원과 손양원목사』, 114.

139 한규무, "오방 최흥종의 신앙노선과 선교활동,"「한국기독교와 역사」 48 (2018), 224.

140 문순태,『성자의 지팡이』, (서울: 도서출판 다지리, 2000), 146.

141 「기독신보」 1919년 7월 30일.

142 「기독신보」 1920년 11월 24일.

143 문순태, "영원한 자유인,"오방기념사업회,『화광동진의 삶』,(광주: 광주 YMCA, 1996), 346.

144 한규무, "오방 최흥종의 신앙노선과 선교활동," 224.

145 『韓民族獨立運動史資料集』 17권, 『三一運動』 VII, 최흥종 심문조서.

146 「동아일보」 1922년 3월 23일, 10월 1일.

147 한규무, "오방 최흥종의 신앙노선과 선교활동," 226.

148 「시대일보」 1925년 7월 26일.

149 「동아일보」 1926년 12월 22일.

150 「동아일보」 1926년 12월 22일. 차종순은 최흥종이 15만원을 모금했다고 하는데, 이것은 너무 과장된 액수인 것같다. 차종순. 애양원, 148.

151 「동아일보」 1927년 4월 8일, 「중외일보」 1927년 8월 11일, 10월 31일.

152 한규무, "오방 최흥종의 신앙노선과 선교활동," 230.

153 「동아일보」 1924년 3월 24일자. 「매일신보」 1930년 5월 10일.

154 林康兒, "癩患者의 슬푼 冤情," 「기독신보」 1931년 9월 2일.

155 「동아일보」 1931년 9월 8일.

156 「동아일보」 1931년 9월 26일.

157 「동아일보」 1931년 9월 30일.

158 한규무, "오방 최흥종의 신앙노선과 선교활동," 232.

159 「동아일보」 1931년 10월 21일.

160 "나병환자의 은인 최흥종목사," 「신동아」 1932년 8월, 41.

161 「매일신보」 1931년 1월 21일, 「중앙일보」 1932년 1월 21일.

162 「매일신보」 1932년 1월 26일, 「중앙일보」 1월 26일, 「동아일보」 1932년 1월 26일.

163 「매일신보」 1932년 4월 11일, 「중앙일보」 4월 12일, 「동아일보」 1932년 4월 11일.

164 "나병환자에게 동정금답지, 동정금이 들어오기 시작, 구제회인사활동," 「동아일보」 1932년 5월 8일.

165 「동아일보」 1932년 5월 26일.

166 "나병환자의 은인 최흥종목사," 「신동아」 1932년 8월, 40-41.

167 「동광」 1932년 8월 31일.

168 「중앙일보」 1932년 11월 24일.

169 "조선나예방협회 평의원회 개최," 「동아일보」 1933년 4월 16일.

170 「동아일보」 1933년 4월 9일.

171 "癩病者聯合大會當局에 六條項 陳情," 「조선중앙일보」 1933년 4월 11일.

172 『삼천리』 8권 6호 1936. 6. 1.

신앙의 자유와 전염병

173 디아메이드 맥클로흐, 『종교개혁의 역사』, 이은재, 조상원 역 (서울: 기독교문서선교회, 2017), 284-92. 앨리스터 맥그레스, 『종교개혁 사상』, 최재건, 조호영 역 (서울: 기독교문서선교회, 2017), 387-92. 패트릭 콜린스, 『종교개혁』, 이종인 역 (서울: 을류문화사, 2013), 73-83.

174 콜린스, 『종교개혁』, 183-89. 맥그레스, 『종교개혁 사상』, 392-95. "Elizabethan Religious Settlement", Wikipedia.

175 맥그레스, 『종교개혁 사상』, 395. 콜린스, 『종교개혁』, 188-89.

176 맥클로흐, 『종교개혁의 역사』, 510-23. "Puritans", Wikipedia.

177 맥클로흐, 『종교개혁의 역사』, 664-72.

178 이들이 차이에 대해 장로교적인 웨스트민스터 신앙고백서와 회중교적인 사보이 신앙고백서와 침례교적인 1, 2차 런던신앙고백서와 표준고백서, 정통신조의 교회론 부분을 비교하면 교회론적인 특징이 드러난다.

179 맥클로흐, 『종교개혁의 역사』, 674-79.

180 맥클로흐, 『종교개혁의 역사』, 686-68.

181 맥클로흐, 『종교개혁의 역사』, 679-81.

182 Edmund Calamy, *An account of the ministers, lecturers, masters, and fellows of colleges and schoolmasters: who were ejected or silenced after the Restoration in 1660, by or before, the Act of Uniformity* (London: J.

Lawrence, 1713)를 보라.

183 맥클로흐, 『종교개혁의 역사』, 681-89.

184 로버트 G. 토벳, 『침례교회사』, 허긴 역 (대전: 침례신학대학교출판부, 1982), 231-32.

185 종교개혁과 이신칭의와의 관계에 대해 맥그레스, 『종교개혁 사상』, 210-50를 보라. 종교개혁에서 이신칭의의 중요성에 대해 존 오웬, 『칭의론』, 박홍규 역 (처음과 나중, 2020), 112-21.

186 종교개혁이 일어나기 전까지 배경에 대해 맥클로흐, 『종교개혁의 역사』, 39-168를 보라. 또한 콜린스, 『종교개혁』, 17-72를 참조하라. 맥그레스, 『종교개혁사상』, 32-147를 참조하라.

187 "Black Death", Wikipedia.

188 "Black Death", Wikipedia.

189 "Great Plague of London", Wikipedia.

190 맥클로흐, 『종교개혁의 역사』, 681-84.

191 "Great Plague of London", Wikipedia.

192 J. I. Packer, *A Quest for Godliness: The Puritan View of the Christian Life* (Wheaton:Crossway Books, 1990), 13-14.

193 Gideon Harvey, *The City Remembencer: Being Historical Narratives of the Great Plague*, 1665; the Great Fire, 1666, Great Storm, 1703 Vol. 1 (London, 1769),

194 Gideon Harvey, *The City Remembencer: Being Historical Narratives of the Great Plague*, 302. "The Little Ice Age", Wikipedia.

195 토벳, 『침례교회사』, 60.

196 "Oliver Cromwell", Wikipedia.

197 "Charles II of England", Wikipedia.

198 "Royal Society", Wikipedia. Lotte Mulligan, "*Civil War Politics, Religion and the Royal Society*", Past and Present (May 1973), 109-12.

199 Mulligan, "*Civil War Politics, Religion and the Royal Society*", 109-12. The Royal Society, Website.

200 Robert K. Merton, "*Puritanism, Pietism, and Science*", The Sociological Review, Vol 28. No. 1 (1936), 4-5.

201 Annalee Newitz, "What Social distancing looked like in 1666?", New York Times, 2020년 3월 29일.

202 Colby J. Fisher, "*Unequal Implementation: The Impact of the Government Anti-Plague Policies on the London Poor 1665*", University of Vermont, Scholarworks@UVM, 21-23.

203 "Great Plague of London", Wikipedia.

204 Fisher, "*Unequal Implementation: The Impact of the Government Anti-Plague Policies on the London Poor 1665*", 19-20.

205 "Great Plague of London", Wikipedia.

206 "Great Plague of London", Wikipedia.

207 "Anglo-Dutch Wars", Wikipedia. 영국과 화란 사이의 전쟁은 식민지 개척을 두고 충돌하면서 크롬웰 때부터 시작되었다. 그리고 찰스 2세는 페스트가 런던에 한창 창궐하던 1665년 화란의 식민지였던 뉴 암스텔담, 곧 뉴욕을 전쟁을 통해 빼앗았다.

208 Harvey, *The City Remembrencer*, 297-99. Daniel Defoe, A Journal of the Plague Year (London: J. M. Dent and Sons. Ltd, 1948), 1-8.

209 "Great Plague of London", Wikipedia.

210 "Great Plague of London", Wikipedia.

211 "Great Plague of London", Wikipedia.

212 "Rules and Orders", Great Plague of 1655-56, The National Archives, Source 2.

213 Newitz, "*What Social distancing looked like in 1666?*". "Great Plague of London", Wikipedia.

214 "Rules and Orders"

215 "The Great Plague", Royal Museums Greenwich web. Harvey, *The City Remembrencer*, 299-302.

216 "Great Plague of London", Wikipedia.

217 R. S. Roberts, "*Tercentenary of the Plague of London 1665*", Proceedings of the Royal Society of Medicine, Vol. 59, 1966년 2월, 104-05. Stephen Porter, "*DISEASE AND THE CITY 17th Century: Plague*", 2020년 10월 18일, Greasham College.

218 "Five Mile Act", Wikipedia.

219 Thomas Vincent, *God's Terrible Voice in the City* (George Calvert, 1667), 33.

220 Thomas Vincent, *God's Terrible Voice in the City*, 33, 49.

221 Fisher, "*Unequal Implementation: The Impact of the Government Anti-Plague Policies on the London Poor 1665*," 20.

222 "Great Plague of London", Wikipedia.

223 Vincent, *God's Terrible Voice in the City*, 49-53.

224 Vincent, *God's Terrible Voice in the City*, 41, 44, 77, 79.

225 Vincent, *God's Terrible Voice in the City*, 73-79.

226 Vincent, *God's Terrible Voice in the City*,. 7.

227 Vincent, *God's Terrible Voice in the City*, 2-3, 77-78, 80, 86.

228 Vincent, *God's Terrible Voice in the City*, 11-12.

229 Vincent, *God's Terrible Voice in the City*, 20-24.

230 Vincent, *God's Terrible Voice in the City*, 84.

231 Vincent, *God's Terrible Voice in the City*,. 86.

232 Vincent, *God's Terrible Voice in the City*, 88.

233 Vincent, *God's Terrible Voice in the City*, 58.

234 Vincent, *God's Terrible Voice in the City*, 61.

235 Vincent, *God's Terrible Voice in the City*, 89-157.

236 Vincent, *God's Terrible Voice in the City*, 84.

237 웨스트민스터 신앙고백서를 비롯한 당시 개신교 신앙고백서들의 국가에 대한 고백 부분을 읽어보라.

238 리처드 백스터, 『기독교생활지침 4』, 박홍규역 (서울: 부흥과 개혁사, 2020), 452-53.

239 Chris Gehrz, "*About Martin Luther's Letter about the Plague*", Anxious Bench (2020년 3월 17일).

240 Richard A. Muller, "*Vera Philosophia cum sacar Theologia nusquam pugnat: Keckermann's Philosphy, Theology and the Problem of Double Truth*", Sixteenth Century Journal, Vol. 15, No. 3 (Autumn, 1984), 341-365.

241 Merton, "*Puritanism, Pietism, and Science*", 14-21.

242 "Great Plague of London", Wikipedia.

243 "Great Plague of London", Wikipedia.

244 "John Bunyan", Wikipedia.

245 토벳, 『침례교회사』, 53-54, 61-63. "List of Baptist Confessions", Wikipedia.

246 토벳, 『침례교회사』, 53-54, 61-63.

3·1운동과 성경적 민족주의

247 "하나님이 또 모세에게 이르시되 너는 이스라엘 자손에게 이같이 이르기를 너희 조상의 하나님 여호와 곧 아브라함의 하나님, 이삭의 하나님, 야곱의 하나님께서 나를 너희에게 보내셨다 하라 이는 나의 영원한 이름이요 대대로 기억할 나의 칭호니라(출 3:15)

248 "이 천국 복음이 모든 민족에게 증언되기 위하여 온 세상에 전파되리니 그제야 끝이 오리라(마 24:14)." 예수님께서는 이방 땅을 비추는 빛에 대해 말씀하셨고 스스로 이방인의 땅을 찾으셨다. 또 제자들에게 이스라엘 민족을 뛰어넘어 "사마리아와 땅 끝까지 이르러" 모든 민족을 향해 복음을 전파하라고 명령하셨다.(행 1:8)

249 "그러므로 상속자가 되는 그것이 은혜에 속기 위하여 믿음으로 되나니 이는 그 약속을 그 모든 후손에게 굳게 하려 함이라 율법에 속한 자에게 뿐만 아니라 아브라함의 믿음에 속한 자에게도 그러하니 아브라함은 우리 모든 사람의 조상이라(롬 4:16)

250 구약 창세기 12:2, 21:1, 신명기 31:3에서는 "민족"을 지칭할 때 히브리어 "고이(goy)"나 "암(am)"이 사용되었다. 신약에서는 헬라어 "에트노스(ethonos)"가 일반적으로 사용되었다. Smith는 성경이 활용하고 있는 "ethinie"라는 개념으로부터 민족 개념 혹은 민족주의가 근대 이전부터 존재했었다고 주장한다. Anthony D. Smith, *Nationalism: Theory, Ideology, History* (Cambridge: Cambridge University Press, 2001), 1-11.

251 cf. "내가 종일 손을 펴서 자기 생각을 따라 옳지 않은 길을 걸어가는 패역한 백성을 불렀나니(사 65:2)

252 "너희는 너희를 모든 재난과 고통 중에서 친히 구원하여 내신 너희의 하나님을 오늘 버리고 이르기를 우리 위에 왕을 세우라 하는도다(삼상 10:19)

253 대제사장들과 서기관들은 예수님을 죽이기로 결정하면서도 우월절과 무교절을 피하려 했다. 이들의 계획은 예수님에 대한 부당한 음모로서, 정치적 고려와 더불어 자신들의 민족 종교에 대한 배려가 그 안에 포함되어 있었다. "이르되 민란이 날까 하노니 명절에는 하지 말자 하더라."(막 14:1-2)

254 김희영은 16세기 종교개혁이 성경을 속어로 번역하여 "선민"으로서의 이스라엘 민족의 역사와 그 영적인 확장이라는 구속사적인 성경관을 대중들에게 공개한 것이 이후 근대 민족주의 국가 형성의 한 요소가 되었다고 주장한다. 김희영, "16세기 종교개혁과 유럽의 민족주의적 전망," 「경주사학」 30 (2009): 113-133. 그러나 16세기의 문맹률과 도시를 중심으로 한 종교개혁적 설교 시행의 제한성을 고려할 때 과연 일반 대중들 안에서 독어나 영어, 불어로 번역된 성경에 대한 독해가 충분히 가능해서 민족적 정체성을 형성할 정도로 심도 있게 진행되었는지는 의문이다.

255 김회권은 3·1운동에 대한 반성적 평가와 관련해 언약위반과 언약 충실의 관점으로 이스라엘 역사를 해석한 구약 성경의 관점을 적용한다. 김회권, "3·1운동과 구약성경의 구속사적 의의", 「구약논단」 25/1 (2019): 32-37.

256 Smith, *Nationalism*, 9.

257 Smith는 근대시대 왕정국가에 대한 대안으로서 비로소 민족주의 개념이 등장했다는 주장에 맞서 민족주의 개념이 이 시대 구체화되었음을 인정하면서도 이미 근대 이전부터 민족에 대한 개념과 그 국가화의 과정이 존재했었다고 주장한다. Anthony D. Smith, *Nationalism*, 5-8. 근대 민족주의의 출현에 대한 대표적인 연구는 다음과 같다. Ernest Renan, 『민족이란 무엇인가』, 신행선 역 (서울: 책세상, 2002); John Hutchinson and Anthony D. Smith (eds.) Nationalism (Oxford: Oxford University Press, 1994)

258 Benedict Anderson, 『상상의 공동체: 민족주의의 기원과 전파에 대한 성찰』, 윤형숙 역 (파주: 나남출판사, 2002), 62-75.

259 로크와 루소가 주장한 사회계약설에 기반한 프랑스 인권선언은 새로운 근대적 국가의 이상을 대표한다. "제1조, 인간은 자유롭고 평등한 권리를 지니고 태어나서 살아간다. 사회적 차별은 오로지 공공 이익에 근거할 경우에만 허용될 수 있다(제1조). 모든 주권의 원리는 본질적으로 국민에게 있다(제3조) 어떤 단체나 개인도 국민으로부터 직접 나오지 않는 어떤 권력도 행사할 수 없다." https://www.conseil-constitutionnel.fr/le-bloc-de-constitutionnalite/declaration-des-droits-de-l-homme-et-du-citoyen-de-1789 (2020년 10월 16일 접속)

260 Timothy Baycroft, *Nationalism in Europe*, 1789-1945 (Cambridge: Cambridge University Press, 1998), 84-87.

261 윤영휘, 『혁명의 시대와 그리스도교』, (서울: 홍성사, 2018), 271-302.

262 신용하는 언어, 지역, 혈연, 문화 등 객관적 요소만으로 형성되는 개념으로서 "즉자적 민족"(Nation an sich)와 더불어 다른 집단과의 관계와 갈등을 통해 형성되는 "대자적 민족"(Nation für sich)의 개념을 구분하고 이를 바탕으로 제국주의적 민족주의와 민족해방적 민족주의를 구분했다. 신용하, 『한국민족의 형성과 민족사회학』, (서울: 지식산업사, 2000), 339; 이찬수, "기독교와 근대 민족주의가 만나는 논리: 한국적 상황을 중심으로", 「한국기독교신학논총」 51/1 (2007): 230-231.

263 최영근은 민족주의의 정의들을 분석하여 Baycroft의 견해를 차용해 민족을 생래적으로 주어지는 것으로 이해하는 "본질주의, 객관주의"적 입장과, 주관적이며 의식적인 형성에 의한 것으로 보는 "주관주의, 문화-상징주의"적 입장으로 대별한다. Baycroft, 51-70, 최영근, "민족주의에 대한 비판적 성찰을 통한 한국 기독교와 민족주의 접합에 관한 소고," 「장신논단」 49/1 (2017): 228. 객관적 요소의 구심점이 약한 미국, 러시아, 중국 등 다민족 국가들의 민족주의 혹은 국가주의는 다분히 주관주의, 문화-상징주의적 성격을 띠고 있다고 볼 수 있다.

3·1운동정신과 코로나극복

264 최영근은 동학농민혁명, 갑오개혁, 독립협회 운동 등이 한국의 근대 민족주의 운동의 시초였다고 주장하며 일제의 침략으로 인해 더욱 반제국주의적 민족주의 색채를 띠게 되었다고 분석한다. 최영근, 「장신논단」, 235-236.

265 이찬수, 「한국기독교신학논총」, 232-233.

266 http://www.documentarchiv.de/wr/1920/nsdap-programm.html (2020년 10월 16일 접속)

267 한국의 근대 민족주의 형성에 있어 3·1운동의 중요성에 대해서는 많은 학자들이 인식을 같이 한다. 이찬수, 「한국기독교신학논총」, 239, 최영근, 「장신논단」, 238.

268 이하 독립선언서의 전문은 이해의 편의를 위해 현대어 번역을 사용했다. 1919년 당시 원문과 그 현대어 번역문은 다음에서 참고했다.
https://ko.wikisource.org/wiki/3%C2%B71%EB%8F%85%EB%A6%BD%EC%84%A0%EC%96%B8%EC%84%9C (2020년 10월 16일 접속)

269 독립선언서는 일제의 문제를 지적하면서도 이에 대한 반대만을 목적으로 하지 않음을 분명히 말한다. "병자수호조규 이후 때때로 굳게 맺은 약속을 저버렸다 하여 일본의 신의 없음을 죄주려 하지 않노라. 학자는 강단에서, 정치가는 실제에서 우리 조상 대대로 내려오는 것들을 식민지의 것으로 보고 우리 문화 민족을 야만인처럼 대우하여 한갓 정복자의 쾌락을 탐할 뿐이오, 우리의 오랜 사회 기초와 뛰어난 민족 심리를 무시한다 하여 일본의 의리 없음을 꾸짖으려 하지 않노라. 자기를 채찍질하기에 바쁜 우리는 남을 원망하고 꾸짖을 겨를이 없노라. 지금을 꼼꼼히 준비하기에 바쁜 우리는 옛일을 죄주고 따질 겨를이 없노라. 오늘 우리가 맡은 바는 다만 자기 건설만 있을 뿐이오, 결코 남을 파괴하는 데 있는 것이 아니로다."

270 독립선언서는 이와 같은 원칙적인 입장에 덧붙여 일제의 대동아공영권 주장과는 차별되는 동아시아의 올바른 국제 관계를 위한 구체적 대안을 제시한다. "또 분을 품고 원한을 쌓은 이천만 민족을 위력으로써 억누르는 것은 다만 동양의 영구한 평화를 보장하는 길이 아닐 뿐 아니라 이로 인하여 동양 안위의 주축인 사억만 중국인이 가지는 일본에 대한 염려와 의심을 갈수록 두텁게 하여 그 결과로 동양의 모든 판국이 함께 넘어져 망하는 비참한 운명을 가져올 것이 분명하니, 오늘 우리의 조선 독립은 조선인으로 하여금 정당한 삶을 누리게 하는 동시에 일본으로 하여금 그릇된 길에서 벗어나 동양을 붙들어 지탱하는 무거운 책임을 온전히 이루게 하는 것이며 중국으로 하여금 꿈에서도 피하지 못하는 불안, 공포에서 탈출하게 하는 것이며, 또 동양평화로 중요한 일부를 삼는 세계평화 인류행복에 필요한 계단이 되게 하는 것이니 이 어찌 구구한 감정상 문제이리오."

271 김회권은 "기미독립선언서"의 주요 내용을 분석한 후 "제국"에서 "공화국"을 산파한 점, 반제국주의적 성격을 드러낸 점, 그리고 단기간 성공을 거두지는 못했으나 이후 민주공화국 헌법의 기초가 된 점 등을 높이 평가하면서도 준엄한 자기 책려가 결여된 점을 비판한다. 김회권, 「구약논단」, 25-32.

화성시 3·1운동 정신과 코로나 극복을 위한 기독교단체 활동

272 이지훈, 『혼창통』, (서울: 쌤앤파커스, 2010), 16.

273 임희국, 『기다림과 서두름의 역사』, (서울: 장로회신학대학교출판부, 2013), 137-138.

274 화성시 3·1운동 100주년 기념공식블로그, 〈https://blog.naver.com/hs_samil_100/221417558152〉

275 Frank W. Schofield, KIATS 엮음, 『프랭크 W. 스코필드』, KIATS, (서울: KIATS, 2014), 16.

276 Schofield, 『프랭크 W. 스코필드』, 20.

277 Schofield, 『프랭크 W. 스코필드』, 30.

278 Schofield, 『프랭크 W. 스코필드』, 28. 스코필드는 「동아일보」, 1962. 3. 2에 기고했다.

279 Schofield, Frank William, 김승태, 유진, 이항, 『강한 자에게는 호랑이처럼 약한 자에게는 비둘기처럼』, 윤시원, 조경인 역 (서울: 서울대학교 출판문화원, 2012), 66.

280 '옹 Prayer 쇼'는 2020년 추석 연휴 기간에 '보이는 라디오 쇼'방식으로 주다산교회에서 진행한 기도회이다. 코로나19 감염을 염려하여 고향을 찾지 못한 교인들이 온라인 방송을 통해 일상 중 특별한 소식을 공유하거나, 기도 제목을 나누며 함께 도고하는 라이브 쇼이다.

281 대한예수교장로회총회 역사위원회 및 3·1운동 100주년 기념사업위원회 편찬, 『삼일운동과 장로교회』, (서울: 도서출판 예영, 2019)

코로나 시대 한국교회의 역할

3·1운동 정신과
코로나 극복

지은이 | 라영환 임희국 안명준 이은선 박흥규 김요섭 권순웅
펴낸이 | 박상란
1판 1쇄 | 2020년 11월 28일
펴낸곳 | 피톤치드
교정교열 | 강지희   디자인 | 김다은
경영·마케팅 | 박병기
출판등록 | 제 387-2013-000029호
등록번호 | 130-92-85998
주소 | 경기도 부천시 길주로 262 이안더클래식 133호
전화 | 070-7362-3488
팩스 | 0303-3449-0319
이메일 | phytonbook@naver.com

ISBN | 979-11-86692-57-8(03230)

「이 도서의 국립중앙도서관 출판예정도서목록(CIP)은 서지정보유통지원시스템 홈페이지(http://seoji.nl.go.kr)와 국가자료
공동목록시스템(http://www.nl.go.kr/kolisnet)에서 이용하실 수 있습니다.(CIP제어번호 : CIP2020047670)」